말씀을 해방시켜라

계시 목적 열정이 있는 설교

아담 해밀턴 지음 | 유성준 옮김

kmc

UNLEASHING THE WORD
Preaching with Relevance, Purpose, and Passion

by Adam Hamilton

Copyright © 2003 by Abingdon Press
Nashville, Tennessee USA
All rights reserved.

Translation rights © 2009 The KMC Press, Seoul, Korea
This edition is published by arrangement with Abingdon Press.

말씀을 해방시켜라

초판 1쇄   2009년 3월 20일
    4쇄   2015년 9월 17일

아담 해밀턴 지음
유성준 옮김

발 행 인 | 전용재
편 집 인 | 한만철

펴 낸 곳 | 도서출판 kmc
등록번호 | 제2-1607호
등록일자 | 1993년 9월 4일

03186 서울시 종로구 세종대로 149 감리회관 16층
(재)기독교대한감리회 출판국

대표전화 | 02-399-2008, 02-399-4365(팩스)
홈페이지 | http://www.kmcmall.co.kr

디자인 · 인쇄 | 리더스 커뮤니케이션

값 12,000원
ISBN 978-89-8430-413-0 03230

UNLEASHING THE WORD
Preaching with Relevance, Purpose, and Passion

Adam Hamilton

목사이며 친구이고 나의 멘토인

존경하는 레이 파이어스톤에게 감사를 보낸다.

그는 나에게 용기와 지혜를 준 귀한 분이다.

"잘 다스리는 장로들은 배나 존경할 자로 알되

말씀과 가르침에 수고하는 이들에게는 더욱 그리할 것이니라."(딤전 5:17)

여러분은 현재 설교가이거나 설교가가 되고자 하는 사람일 것이다. 좋은 일이다! 세상은 설교가를 필요로 한다. 이스라엘의 위대한 예언자이며 설교가였던 이사야는 이 사실을 잘 말해주고 있다.

좋은 소식을 전하며 평화를 공포하며 복된 좋은 소식을 가져오며 구원을 공포하며 시온을 향하여 이르기를 "네 하나님이 통치하신다" 하는 자의 산을 넘는 발이 어찌 그리 아름다운가(사 52:7)

그리고 로마제국 전역을 다니며 복음을 증거하였던 사도 바울은 로마서 10장 13~14절에서 이사야의 말을 인용하고 있다.

"누구든지 주의 이름을 부르는 자는 구원을 받으리라."
그런즉 그들이 믿지 아니하는 이를 어찌 부르리요. 듣지도 못한 이를 어찌 믿으리요 전파하는 자가 없이 어찌 들으리요.

분명히, 설교는 참으로 중요하다. 그러나 우리는 지금 '설교하는 것'(preaching)과 '설교'(sermons)를 흔히 우리가 원하지 않는 일을 빗대어 묘사할 때 사용하는 시대에 살고 있다. 우리는 부모가 우리에게 '설교하는 것'을 원하지 않는다. 우리는 우리를 교화시키려는 또 다른 '설교'를 거부한다. 어떤 사람은, 작금의 '후기-기독교'적이고, 멀티미디어와 오

6

락-중심적 정보 시대에 과거 교회에서 행하는 것 같은 설교는 우스꽝스러운 것이라고 말한다. 또 어떤 이는 단순하게 사회 속에서 교회의 역할이 감소하였음을 지적하거나, 여기저기서 벌어지는 성직자들의 스캔들을 말하면서 설교가 사회나 문화 형성에 영향력을 행사하던 시대는 끝이 났다고 말한다.

나는 그러한 견해들이 너무 성급한 판단이라고 생각한다. 사실 이 시대의 영향력 있는 설교에 대한 요구는 극에 달해 있다. 현재 우리는 사람들이 의미를 추구하며, 희망과 복된 소식을 갈망하고, 진정으로 하나님의 말씀을 듣기를 원하는 시대에 살고 있다. 저녁 뉴스 시간에 접하는 다양한 사건들 - 강도가 무고한 사람을 죽이거나, 테러리스트 조직이 그들의 다음 목표물을 찾는 것 같은 끔찍한 일들, 매일의 일상 속에서 직면하게 되는 육체적 질병, 노화, 외로움, 관계로 인한 어려움 - 을 바라보며 우리 모두는 이 문제들에 대한 도움, 희망, 대답에 갈증을 느낀다. 여러 가지 의구심에도 불구하고, 대부분의 사람들은 여전히 하나님을 믿고 싶어 하며, 하나님이 자신들의 삶에 대하여 계획을 가지고 계시고 그들의 삶의 고통과 질문에 대하여 대답해 주시기를 바란다.

이러한 현실을 바라보면서 나는 오늘날 영향력 있는 설교에 대한 요구와 갈망이 매우 크다는 사실을 확신하게 되었다. 그리고 21세기 사람들에게 영향력 있는 설교를 하는 방법을 배우고자 하는 이들에게는 설교가 자신들의 청중과 그들이 살아가는 문화에도 중요한 영향을 미칠 수 있는 잠재력이 있다는 사실을 확신하게 되었다. 여러분의 설교는 사람들의 삶을 변화시킬 수 있으며, 문화를 바꾸고, 여러분이 섬기는 교회를 새로워지게 할 수 있다. 사실, 여러분의 공동체에 희망, 치유, 빛을 불러일으킬 수 있는 잠재력을 여러분보다 더 많이 가진 사람은 없다.

영향력 있는 설교는 여러분이 설교를 통해 하는 일이 매우 중요한 것임을 확신하는 데서부터 시작된다. 그것을 믿지 않는다면, 여러분은 이 책을 덮기 바란다. 그러한 확신을 발견하기 전까지는 이 책을 읽을 이유가 없다. 그러나 하나님이 여러분과 여러분이 하는 설교를 개인과 사회 변혁을 위한 도구로 사용하신다는 사실을 믿는다면, 또는 여러분이 하는 설교가 정말 중요하다는 사실을 믿는다면, 이 책은 여러분을 위한 것이다. 이 책에서 여러분이 하는 설교를 최대한 영향력 있게 하기 위한 통찰력과 여러 가지 제안, 그리고 아이디어를 제공받게 될 것이다.

아담 해밀턴

이 책을 협성대학교 유성준 교수가 한국어로 번역하여 펴내는 것을 기쁘게 생각하며 추천해 주신 미국 캔자스시 미연합감리회 세인트 폴 신학대학원 조직신학 교수이신 전영호 박사님께 깊은 감사를 표합니다. 이 책이 한국교회 목사님들에게 설교에 대한 새로운 아이디어의 실현과 연구에 조금이나마 도움이 되기를 바랍니다.

저는 현재 제가 담임하고 있는 미연합감리회 부활의교회에서 하나님의 말씀을 회중에게 효율적이고 복음적으로 들려주기 위하여 기도와 연구에 매주 15~20시간씩 할애하고 있습니다. 그럼에도 불구하고 매주일 예배에 임할 때면 늘 두려움과 기대감으로 강단에 서게 됨을 경험합니다. 두려움은 설교자로서 하나님의 말씀을 대언하여야 하기 때문이며, 기대감은 하나님께서는 설교와 선포의 행위를 통하여 말씀하신다는 사실을 알고 있기 때문입니다. 더 나아가서 사람들이 설교를 통해 말씀하시는 하나님과 접하게 되고, 설교자의 재능과 노력을 훨씬 능가하고 초월하는, 상상도 못할 변화가 그들의 삶에 임한다는 것을 알고 있기 때문에 두려움과 기대감이 교차합니다.

이 책에서 제가 사용하는 설교 이론에 대한 개요를 간결하게 함께 나누고 그 이론을 실제로 설교에 응용 발전시키는 방법과 절차를 적어 보았습니다. 독자들께 바라기는, 하나님의 말씀을 선포하는 감당하기 어려운 경이로운 사역에 이 책이 도움이 되기를 원합니다.

2009년 초봄
아담 해밀턴

부활의교회는 18년 전 캔자스주에 있는 캔자스시 남부 리우드 (Leawood)라는 교외에 세워진 교회입니다. 1990년 아담 해밀턴 목사는 자신의 아내와 두 딸들을 첫 멤버로 하여 교회를 개척했습니다. 그들은 장례식장을 빌려서 예배를 드리며, 비록 이곳이 죽은 이들을 보살피는 곳이지만 그들의 교회는 죽음의 권세를 이기시고 부활하신 예수 그리스도를 주로 믿는 교회임을 천명하고 그 이름을 "부활의교회"로 정했다고 합니다.

이 교회는 이제 15,000명이 넘는 회중이 예배에 참석하며 다양한 형태의 선교와 복음사역에 임하고 있습니다. 2008년도 성탄전야에는 9번의 예배를 드리고 헌금의 절반을 미국 내 흑인 어린이 교육을 위한 사업에, 나머지 반은 아프리카 원주민들의 어린이 교육, HIV/AIDS 퇴치의료사업 등에 쓰이도록 정했는데 그 헌금이 총 450,000불이 넘었습니다.

아담 해밀턴 목사는 보수적인 신앙전통에서 성장했고, 학부는 오클라호마에 있는 오럴 로버트 대학에서 수료했습니다. 그러나 그곳에 있는 동안 그는 자신이 종교, 윤리 그리고 정치에 대한 더 폭넓은 이해를 얻기 위해 애쓰며 추구하고 있음을 발견하게 되었습니다. 결국 그는 연합감리교회에 입교했고, 학사학위를 마치면서 곧바로 텍사스주 달라스에 있는 남 감리교대학 신학대학원(SMU)에 입학하여서 그곳에서 1988

12

년 졸업할 즈음에는 상급학년 사회윤리 우수상을 받기도 하였습니다.

현재 그는 캔자스시에 있는 세인트 폴 신학대학원 이사장직을 맡고 있습니다. 최근 「종교와 윤리」 주간지는 북미주에서 주시하여야 할 10인의 종교지도자를 지정하면서 그 중 한 명으로 해밀턴 목사를 지목했습니다. 그 중 브라이언 맥클라렌 목사도 해밀턴 목사를 새로이 부각되는 기독교 운동에 입각해 "국가적 보배"로 칭하고 있습니다. 듀크대학교 신학부학장인 그레고리 존스 박사도 해밀턴 목사를 "미주 기독교의 갱신을 위하여 헌신하는 모든 이들에게 영감을 주는 인물"이라 했습니다.

해밀턴 목사는 '중도'를 지키며 복음(성서)에 중점을 둔 기독교 영적 지도자입니다. 그는 극우나 극좌를 따르지 않으며 "근본적 중심"을 직시하려고 합니다. 기독교 복음은 우리에게 그리스도의 마음을 품게 하는데, 그와 같은 마음은 사람을 온유하고, 친절하며, 개방적이고, 늘 새 하늘과 땅을 기원하는 자세를 갖게 하는데, 이것이 서양 기독교인들이 지녀야할 덕으로 봅니다. 동시에 기독교신자들은 과거의 보배로운 유산을 보존하여야 하며, 쉽게 져버리지 말고 후예들에게 충실히 전달하여야 한다고 주장합니다. 그는 종종 자신을 "복음적 진보주의자" 또는 "진보적 복음주의자"라는 수식어로 소개하지만 너무 쉽게 통상적 칭호로 사람의 깊이를 재려고 하는 태도를 배재합니다.

해밀턴 목사의 목회에서 볼 수 있는 3가지 열정적 지침은 ① 깊이 생각하면서 교회에 연결되어 있지 않는 이들에게 손을 뻗치는 일, 그래서 그들에게 그리스도 안에 믿음에 임하도록 돕는 일, ② 회중을 움직여 가난한 자들을 돌보면서 사회정의를 위하여 일하게 하는 일, ③ 주류 교파에 속한 교회를 재활시키는 일입니다.

그는 지칠 줄 모르고 매주일 5회에 걸쳐 설교하고, 자신의 생각을 저작하여 출판하며, 선교 사업에 직접 몸담아 여러 곳에 다니며 봉사하고, 설교와 지도자 세미나에 나가 자신의 신념을 나눕니다. 지금까지 8권의 책을 저술했고 그 중의 하나가 이미 미주에서 한국어로 번역이 되었습니다. 이번에 번역되는 책은 한국어로는 두 번째 책입니다.

저는 타 지역을 가지 않는 한 매주 부활의교회에서 가족들과 예배에 참석하는데, 한 마디로 표현하면 그의 목회는 "가르치는 목회"라 할 수 있습니다. 그의 설교에는 3가지 요소가 담겨 있습니다. 첫째, 복음적 해석입니다. 그런데 이 해석 가운데 매주 꼭 한 가지 새로운 지식을 전달하여 교인들에게 새로운 것을 배우게 합니다. 둘째, 감동적인 설교입니다. 늘 하나에서 세 개의 예화가 들어가는데 이 예화는 살아있는 이들의 간증 이야기로, 본문과 삶을 이어줍니다. 셋째, 헌신으로 연결되게 합니다. 듣고(알고), 느끼고(경험하고), 행함(실천)이 연결되어야 자신도 변화되고 세상도 바꿀 수 있다는 것입니다. 즉 지식(Orthodoxy), 경험(Orthography)과 실천(Othopraxis)이 같이 형성됨으로써 삶이 갱신(Transformation)될 수 있다는 원칙을 엿볼 수 있습니다.

그 설교의 기본적 접근은 폴 틸리히(Paul Tillich)의 신학 방법론과 일맥상통하는 것으로, 이 세상 사람들의 실존론적 문제(itch, 가려움)를 파악, 분석, 분별, 해석하여 하나님의 말씀으로 영적 치유(scratch, 근거, 해소시켜줌)케 하는 것이 그의 접근방법입니다. 모든 이들에게는 그들대로의 근심(anxiety)이 있습니다. 그것은 그들을 묶어 자유롭지 못하게 합니다. 그래서 하나님의 말씀이신 예수 그리스도의 삶을 통해 우리에게 다가오는 영적 힘으로 회중을 자유케 하는 것이 그가 가진 설교의 힘이라 할 수 있습니다.

이렇게 말씀을 "풀어 놓아" 자유케 되면 자신의 노예에서 해방됨으로써 "거듭나게" 되어 다른 이들을 향한 사랑을 더욱 극대화하여 그리스도의 마음이 우리 삶에 현현케 됩니다.

해밀턴 목사의 「말씀을 해방시켜라」가 말씀 안에서 여러분을 풀어놓아 힘차게 정열적으로 복음을 선포하고, 그대로 살며, 열매 맺게 되기를 기원하며 이 책을 소개합니다.

세인트 폴 신학대학원 조직신학 교수

전영호 박사

미국 개신교의 가장 역동적인 설교가 중 한 분인 아담 해밀턴 목사의 「말씀을 해방시켜라」를 출간하게 된 것을 큰 기쁨으로 생각한다. 목회하기 전인 30년 전에 이 책을 접했더라면 훨씬 좋은 예배 인도자, 설교자가 되었으리라는 생각을 책을 읽으면서 멈출 수 없었다. 참된 교회의 영성의 핵심인 역동적인 예배 공동체를 지향하는 목회자들과 목회 후보자들 그리고 교회의 리더나 예배 담당자들이 꼭 읽어야 할 실천적인 내용이라고 생각한다.

2006년 1월, 미국 미주리주 캔자스시에 있는 세인트 폴 신학대학원의 '웨슬리 영성과 교회 갱신'(Wesleyan Spirituality and Church Renewal) 목회학 박사 과정에 있는 한인 목회자들과 함께 부활의교회를 방문하였다.

그때 담임 목회자인 아담 해밀턴 목사에게서 개척 과정과 그의 목회 철학에 대해 들을 수 있는 기회를 갖게 되었다. 40대 중반의 나이에 주류 교파들이 쇠퇴일로를 겪고 있는 미국 개신교에 새바람을 일으키며 미국의 영향력 있는 10대 종교인 가운데 한 사람으로 인정받고 있는 그의 강력한 영향력을 느낄 수 있었다.

아담 해밀턴 목사가 1990년에 한 장례식장을 빌려 개척한 이 교회는 한 마디로 영성과 사역의 균형을 강조하는 건강한 교회로, 매주 15,000명 이상이 주일 예배에 참석하는, 미국연합감리교회에서 가장 역동적이

16

며 가장 빠르게 성장하는 교회로 알려져 있다.

개척 시부터 부활의교회 사역 목표는 비종교적이고 명목상으로만 종교적인 사람들이 그리스도에게 온전히 헌신하는 기독교 공동체를 만드는 것이었다. 그래서 교회 사역은 철저하게 믿지 않는 사람들에게 초점을 맞추고 있으며, 그들도 하나님의 눈에 귀중한 존재임을 알게 하도록 노력하고 있다.

교회 개척 시부터 지금까지 하고 있는 중요한 목회 사역은 교회에 처음 나온 방문자의 집을 그 주일 오후에 꼭 찾아가서 교회의 커피 머그를 전달하고 새가족이 3번 이상 교회에 참석할 경우 심방을 요청하는 것이다. 삭개오를 만나 예수님이 "내가 오늘 네 집에 거하길 원한다."고 말씀하신 것처럼, 새신자들에게 심방을 요청하고 그 가정을 방문하여 그들의 삶의 이야기(Life Story)를 듣는 것이 목적이다.

새가족들의 이야기를 들은 후 그는 자신의 어려웠던 성장 과정과 신앙 간증, 교회를 세운 일 그리고 목회 철학을 함께 나눈다. 새가족들의 집을 방문할 때마다 마지막에 축복 기도를 해 주는데, 그들의 가정과 자녀와 삶이 복되며 부활의교회가 그들에게 예비하신 교회가 되길 축복하며 기도한다. 기도 후에 얼굴을 보면, 대부분의 사람들의 눈에 눈물이 고여 있는 것을 보게 된다고 한다. 교회에 참석해 주어서 감사하다는 말과 계속 참석해 줄 것을 요청하면서 심방을 마친다고 한다. 그는 초기 4년 동안 800개의 커피 머그를 전달하고 400가정을 방문하였는데, 그 중 1명을 제외한 나머지 가정들이 지금까지도 신실한 멤버들로 사역하고 있다고 하였다. 지금은 교회가 성장하여 교인들이 팀을 이루어 새신자의 가정을 방문한다. 매월 100~200명의 새신자들어 교회 멤버가 된다.

한번은 해밀턴 목사가 새가족을 방문하여 마태라는 뇌성마비 소년을 만나게 되었다. 그것이 계기가 되어 교우들이 평일과 주일에 자원 봉사로 마태를 돕게 되었고, 지금은 그 사역이 60여 명 이상의 장애우 가정을 돕는 마태 프로젝트(Matthew Project)로 확대되었다고 한다.

부활의교회에 참여하는 사람들은 반드시 이행해야 할 4가지 사항이 있다

1) 출장이나 아프지 않는 한 매주일 예배에 참여한다.

2) 소그룹 모임에 정기적으로 참여한다.

3) 자신의 은사를 활용하여 한 가지씩 교회 내외의 선교 사역에 봉사한다.

4) 수입의 10%, 십일조를 봉헌한다.

이 서약을 통해 교회는 교인들에게 기대하는 바를 매년 갱신한다. 이러한 사항을 제대로 이행하면 반드시 건강한 교회가 될 수 있다고 믿기 때문이다.

특별히 해밀턴 목사에게는 예배와 설교가 목회의 중심이기에, 그는 매주 심혈을 기울여 설교를 준비한다. 은혜로운 설교를 위해 연중 2주 이상의 휴가를 통해 전체 설교에 대한 개요를 준비하고, 매주 설교 준비에는 15~20시간을 할애한다. 실로 놀라운 열정이 아닐 수 없으며, 그의 설교에는 기도와 연구의 땀이 함께 녹아 있다.

기본적으로 '설교 준비에는 2가지 방법'이 있다고 생각한다.

첫 번째 방법은 먼저 성경 본문을 정하고(또는 정해진 성경 본문 사용),

본문에 대한 주석, 적용의 방법이 있다. 이것은 전통적인 방법이다.

아담 해밀턴 목사가 강조하는 것은 두 번째 방법인데, 성경 본문에서부터가 아닌 말씀을 듣는 사람들의 삶의 상황(Human Condition)에서부터 시작한다. 즉 인간의 상황, 성경 본문, 본문에 대한 주석, 적용의 방법이다.

우리가 만나는 사람들과 직접적으로 연관된 삶의 상황과 실존에 관한 문제와 씨름하면서 말씀을 전할 때, 대부분의 사람들은 기대하며 교회에 나올 것이다. 예를 들어, 결혼에서 종교에 대한 입장에 대해 질문하거나 대통령 선거에서 신앙과 정치에 대해 고민하는 것들은 인간 상황에 해당하는 것들이다.

부활의교회는 매해 크리스마스가 시작되기 전 회중에게 기독교에 대해 심각한 의문이 드는 주제들을 써서 제출하게 한다. 그리고 그 다음해 회중이 제출한 의문점들에 대해 고민하고 그것을 설교에 반영한다. 사회가 당면한 과제들은 주로 도덕적으로 심각한 문제들이 많다. 이것들을 연구하고 설교에 적용하는 것은 영향력 있는 그리스도인으로서 살아가는 데 큰 효과를 가져다준다.

1, 2월에는 회중이 가장 궁금하게 여기는 인간 상황에 관한 질문들에 설교 초점을 맞춘다. 그렇게 할 때 많은 새신자들이 새해에 교회를 방문하고 신앙생활을 시작하는 계기를 맞는다고 한다. 이제껏 생각하지 못했던 신앙생활의 오해들, 오류들을 고쳐 주기도 하며, 그들의 가슴을 하나님 말씀으로 채우게 하고자 노력한다. 그리고 깨달은 것들을 행동으로 옮기도록 도전을 준다. 이러한 헌신을 통하여 예배에 참여하는 많은 이들이 예배 시간을 기대하며 보람된 시간으로 생각하게 되었다. 그리고

그것이 부활의교회가 예배를 통해 역동적인 교회가 된 비결이라고 생각한다.

이 책이 나오기까지 수고하신 많은 분들께 감사를 드린다. 목회 후보자나 목회자들 그리고 교회 리더나 예배 담당자들이 필독서로 읽을 수 있는 예배와 설교 분야의 실제적인 저서가 필요하다며 독려해 주신 출판국 김광덕 총무님과 수고하신 편집실, 좋은 자료를 소개해 주신 세인트폴 신학대학원의 전영호 박사님 그리고 수고하신 여러분께 진심으로 감사드린다.

2009년 3월

화성 봉담골에서 **유성준** 목사

왼쪽부터 전영호 박사, 아담 해밀턴 목사, 유성준 목사

1장 목적이 있는 설교

마음속에 목적이 있는 설교가 영향력 있다.
그 전에 목적을 이루기 위한 계획을 반드시 세워야 한다.

1장

목적이 있는 설교

여러분이 한자리에 앉아 몇 시간 동안 이 책을 전부 읽는다면, 우리는 설교를 위한 몇 가지 중요한 생각들을 함께 나누게 될 것이며, 그것들을 통해 여러분의 창조성은 자극을 받을 것이며, 설교의 영향력을 증대시킬 만한 몇 가지 구체적인 힌트들을 얻게 될 것이다.

여기서 내가 나누고자 하는 이야기들은 독서를 통해 얻은 것들이 아니다. 물론 나는 설교에 관한 방대한 책들을 읽어 왔으며, 그것들이 설교에 여러 가지로 도움 주었음을 확신한다. 또한 내가 지금 나누고자 하는 이야기들은 신학교 설교학 과정에서 나온 것도 아니다. 물론 나에겐 유능한 설교학 교수님들이 계셨고, 그들이 나의 설교에 내가 생각하는 것 이상으로 많은 영향력을 미친 것이 사실이다. 하지만 지금 여러분과 나누고자 하는 것들은 대부분 매주 나에게 일어나는 일들과, 대략적으로 높은 교육을 받았으며 그들 중 대부분은 내가 섬기는 교회에 참석하기 전에는 교회에 다닌 적이 없었던 회중에게 매주 여섯 번씩 설교하면서 깨닫게 된 사실들이다. 우리 교회에는 예배 기획팀이 구성되어 있는데, 그들은 매우 유능한 사람들로서 나를 도와 끊임없이 설교 준비 과정에 참여하여 내용을 가다듬거나 설교를 질적으로 향상시키는 데 도움을 준다. 내가 이들과 일하면서 깨닫게 된 것들을 이 자리를 통해 나누고자 한다. 이것과 더불어 일 년이면 수백 건의 혼식과 장례식 설교를 하게 되는데, 이러한 사역들을 통해 상당수의 사람들이 실질적으로 교회에 참여하게 된다. 바로 이 사람들을 지켜보면서 깨닫게 된 바를 나누고자 한다. 그리고 그동안 내가 해 온 설교들이 회중에게 어떻게 전달되었으며, 때로는 설교를 통해 그들을 좌절시켰던 것에 대한 이야기를 피드백을 통해 알게 된 사실들을 나누겠다.

설교에 관련된 특별한 기술과 아이디어에 대하여 본격적으로 말하기 전에, 설교는 어떠해야 하는가에 대한 견해를 먼저 나누고자 한다.

설교는 어떠해야 하는가?

나는 우리가 설교를 통해서 하나님을 대신하여 말하는 두려운 책임감을 떠맡게 된다는 것을 이해한다. 이것은 엄청난 말이다. 하나의 실수를 통해 청중을 잘못 이끌거나 해를 끼칠 가능성이 있을 때, 주님의 이름을 남용함으로써 십계명의 제3계명을 범하게 되기 때문이다.

다행인 것은 우리가 회중을 위한 하나님의 말씀을 분별하려 할 때 우리 자신의 생각에 빠지지 않는다는 사실이다. 우리에겐 시금석이 있는 데, 그것은 바로 성서다. 우리는 성서를 통해 하나님이 현재 우리의 삶과 세계를 위한 말씀을 시간을 초월하여 제공해 주고 계시다는 사실을 믿는다. 바울은 에베소 교회를 감독하며 디모데에게 보낸 편지에서, 다음과 같은 중요한 조언을 제시하고 있다.

그러나 너는 배우고 확신한 일에 거하라. 너는 네가 누구에게서 배운 것을 알며 또 어려서부터 성경을 알았나니 성경은 능히 너로 하여금 그리스도 예수 안에 있는 믿음으로 말미암아 구원에 이르는 지혜가 있게 하느니라. 모든 성경은 하나님의 감동으로 된 것으로 교훈과 책망과 바르게 함과 의로 교육하기에 유익하니 이는 하나님의 사람으로 온전하게 하며 모든 선한 일을 행할 능력을 갖추게 하려 함이라. (딤후 3:14~17)

즉, 영향력 있는 설교는 잘 듣는 데서 시작한다. 내 아내 라본은 대학에서 수화로 통역하는 일을 하고 있다. 아내는 교수의 강의를 통역하여 시각장애인이나 청각장애인 학생들이 과정을 이수할 수 있도록 돕는다. 그 일을 잘 하기 위해, 아내는 강의자의 말을 매우 주의 깊게 들어야 한다. 한 단어라도 흘려버리거나 개념 하나라도 이해하지 못하게 되면, 학생들에게 제대로 전달해 줄 수 없다. 아내는 이 장애 학생들이 그녀가 알고 있는 수학이나 영어나 예술에 대해 듣고자 오는 것이 아님을 잘 안다. 그들은 강의자가 말하고자 하는 주제들에 대해 듣기 위해 아내의 기술적 도움을 기꺼이 사용할 뿐이다.

이와 마찬가지로, 우리 설교가들은 하나님이 당신의 백성들에게 말하고자 하는 것에 대하여 매우 주의 깊게 들을 의무가 있다. 불행히도 하나님은 우리가 설교할 것에 대하여 한자 한자 가르쳐 주지 않으신다. 그분의 말씀을 듣기 위해 우리는 하나님이 성서를 통해 이미 말씀하신 바를 주의 깊게 연구할 필요가 있다. 우리는 하나님 말씀의 통역자들이다. 그리고 성도들은 특정한 주제에 대해 우리가 알고 있는 지식을 듣기 위해 나오는 것이 아니다. 그들은 우리의 기술과 훈련을 통해 하나님이 그들에게 말씀하시는 것을 통역받기 위해 오며, 그 말씀을 통해 자신들의 삶을 이해하거나 삶에 적용한다.

설교는 어떠한 일을 해야 하는가?

만일 이것이 설교의 본질에 대한 것이라면, 설교는 '어떠한 일을 해야' 하는가? 달리 말해, 설교의 목적은 무엇인가?

내가 신학교에 다닐 때는 이런 본질적인 목적에 대해서는 생각해 보지 못했다. 그래서 조금은 내가 말하고자 하는 것들이 당혹스럽기도 하다. 신학과 목회에 관련된 두 개의 학위를 받고, 다양한 설교학 수업들을 들으며, 또 설교에 관한 출판물들을 읽고 수많은 설교를 한 후에도, 설교를 통해 해야 할 일이 무엇인가에 대한 고민을 멈출 수가 없었다.

오해가 없기를 바라는 것은 그동안에도 나는 최선을 다해 설교를 준비했다. 성경 본문에 대하여 열심히 주석하기, 청중을 위한 본문에 대한 암시를 얻기 위해 기도하기, 하나님이 나를 통해 그리고 나에게 말씀하시도록 초청하기, 손쉬운 좋은 예화 찾기, 사람들이 감동할 만한 충분한 열정, 확신, 명확성을 가지고 전달하기…. 나는 이 모든 것을 이해했다. 그러나 내 설교의 목적 또는 목표에 대한 생각을 멈출 수가 없었다.

나는 누군가 내 설교의 목적이 무엇인가를 물었다면 대답을 할 수는 있었을 것이다. 그러나 내가 왜 매주일 설교를 하는 훈련을 해야만 했는지에 대하여 명확한 이유가 필요하다는 것을 깨달은 것은, 몇 년 동안 매주일 설교를 한 후였다. 이것은 교회 자체의 목적을 명확히 해야 할 필요성을 일깨우는 데 일조를 하였다. 내가 목회를 하는 교회는 왜 존재해야 하는가? 교회의 목적은 무엇인가? 우리는 이곳에서 무엇을 이루려 하는 것인가?

결국 우리는 다음과 같이 교회의 목적 선언문에 대한 밑그림을 그렸다. "미연합감리교회 부활의교회의 목적은 비종교적이고 명목상으로만 종교적인 사람들이 그리스도에게 온전히 헌신하는 기독교 공동체를 세우는 것이다." 나는 우리가 교회로써 하는 모든 일들이 어떤 방식으로든 이 선언문과 관련되어야 한다는 사실을 성도들과 공유하였다. 모든 사역, 모든 프로그램, 모든 봉사 활동은 이 선언문에 기록된 목회 방향에 부합되어야 했다.(우리가 교회의 목적에 대한 선언문을 실현하고 개발시킨 것은 남부 캘리포니아에 위치한 새들백교회에 대해 듣기 얼마 전이며, 릭 워렌의 유명한 책 「목적이 이끄는 교회」가 출판되기 전이다. 하지만 나는 이러한 생각을 릭 워렌보다 더 잘 정리한 사람은 없다고 생각한다.)

바로 그때, 나는 내 설교와 교회의 다른 목회 사역들이 결코 다르지 않다는 것을 깨달았다. 그리고 나는 매주 하는 설교의 목적이 "비종교적이고 명목상으로만 종교적인 사람들이 그리스도에게 온전히 헌신하게 하는 기독교 공동체를 세우도록" 최선을 다하는 것이라는 사실을 이해하기 시작했다.

나는 여기서 한걸음 더 나아가 물었다. "온전히 헌신하는 기독교인이란 어떠해야 하는가? 그리고 나의 설교가 이러한 사람들을 양성하는 데어떤 도움을 줄 것인가?" 감리교인들은 지난 2백 년 동안 이 첫 번째 질문에 답하기 위해, 예수님을 보았다. 예수님은 "네 마음과 영혼과 생각을 다해 하나님을 사랑하라." 그리고 "네 이웃을 네 몸과 같이 사랑하라."고 가르치셨다. 우리는 이 두 가지 가르침을 개인적 경건과 사회적거룩성으로 표현한다. 18세기 감리교의 창시자인 존 웨슬리는 기독교인의 삶의 목적과 도달점을 한 단어로 묘사한다. 그것은 '성화'다.

이러한 생각들을 근거로, 나는 설교의 목적을 명확하게 정할 수 있었다. 첫째, 크리스천들이 서로 양육하고 건강하게 보살피는 관계를 이루어 가는 참된 기독교 공동체를 형성하도록 하며 그 공동체를 기름지게하도록 돕는 것이다. 둘째, 비기독교인들과 명목상으로만 교회에 다니는 사람들을 이끄는 것이다. 셋째, 청중이 그들의 지성과 마음을 다해하나님을 사랑하도록 하며, 그 사랑이 다른 사람에 대한 그들의 행위로드러나도록 돕는 것이다.

설교의 목적을 성취하는 것

여러 차례 시행착오를 겪으면서 알게 된 사실은 마음속에 목적이 있는 설교는 영향력 있으며, 그 전에 목적을 이루기 위한 계획을 반드시 세워야 한다는 것이다.

그러나 이전에는 그렇게 생각하지 않았다. 1992년까지 나는 개정판 공동성서일과 – 3년 주기로 일 년 동안 매주 읽는 성서 구절을 정해 놓고 설교를 준비하는 것 – 에 근거하여 설교를 했다. 매주 나는 네 개의 본문 가운데서 하나를 선택하고는 내가 하고 싶은 데로 설교의 방향을 정했다. 나는 일관되게 설교를 통해 이루고자 하는 밑그림을 가지고 있지 않았다. 매주 하는 설교들은 제각각이었다. 매주 주어진 본문으로부터 최고의 설교 내용을 선포하는 것뿐이었다.(나는 다른 교파의 많은 목회자들이 성서일과를 이용하진 않더라도 나와 별반 다르지 않다는 것을 알고 있다. 그들은 설교하기 위해 흥미롭고 시사적인 주제들을 띤 본문을 선택하지만, 그 설교들이 장기적으로 분명하게 일관된 목적에 부합되도록 하는 것에 대해서는 관심이 없다.)

매주 일터로 향하는 목수를 생각해 보라. 나무도 많고, 못도 많다. 그곳에서 그는 자신이 흥미로워 하는 것만을 만든다. 한 주는 캐비닛을 만들고 싶어 할 수 있다. 그 다음주에는 창고 문을 만들고 싶어한다. 그 다음주에는 콘크리트를 쏟아 붓는 일일지도 모른다. 그러나 어느 누구도 집을 그런 방식으로 짓지 않는다. 여러분이 집을 한 채 짓고 싶다면 반드시 계획을 세워야 하며, 시간 일정에 따라 계획을 잘 분배해야 한다. 그 다음에 차근차근 이 계획에 맞추어 집이 온전히 지어질 때까지 각 부분들을 만들어 가야 한다.

다시 한 번 부끄러운 고백을 하면, 나 또한 이런 식으로 매주 설교를 준비했다. 그러나 더 이상은 아니다. 여러분 또한 아마 이런 문제를 고민했을지 모른다. 그리고 이미 여러분의 교회 공동체의 성도들이 알기

말씀을 해방시켜라

를 원하고, 또 되어 가길 원하는 것에 대한 청사진을 머릿속에 넣고는 매해의 설교의 그림을 그려 가고 있을지도 모른다. 여러분은 그리스도에게 헌신한다는 것은 무엇이며 어떻게 설교하면 그렇게 할 수 있을까를 주의 깊게 생각하고 있을지도 모른다. 그렇다면, 여러분을 칭찬하고 싶다. 그러나 그렇지 않다면, 여러분은 동지를 만난 것이다. 내가 아는 대부분의 목회자들은 이런 식으로 설교를 생각하지 않고 지낸다.

여기에는 나 자신이 설교의 목적을 생각하기 시작하면서 경험한 일들이 기록되어 있다. 교회가 참된 기독교 공동체, 즉 비종교적이고 명목상으로만 종교적인 사람들을 돕고 우리 교회의 성도들이 진정으로 그리스도에 헌신하는 교회를 세우기 위한 합리적인 기회를 달성하기 위해서는, 적어도 일 년의 과정에 걸쳐 다음의 다섯 가지의 일을 설교를 통해 해야 함을 깨닫기 시작했다.

1. 전도
2. 제자도(훈련)
3. 목회적 돌봄
4. 온전케 함과 파송
5. 제도적 개발

집을 짓는 건축의 비유를 다시 한 번 이용하면, 이 다섯 가지는 각각 다양한 전문성, 즉 각기 다른 건설 과정의 부분을 말한다. '전도'는 기초라 할 수 있다. '제자도(훈련)'는 집의 틀이라 할 수 있다. '목회적 돌봄'

은 지붕, 난방, 전기, 배관 시스템을 말하고, '온전케 함과 파송'은 마감 재들 – 페인트 칠, 카펫 깔기, 집짓기를 완성하는 장식 – 을 말한다. '제도 적 개발'은 집을 안전하고 잘 보존하기 위한 보수와 유지를 말한다.

이와 같은 다양한 설교의 측면들이 가진 중요성과 설교를 통해 이루어야 할 다양한 목적들에 대해 좀 더 명확하게 알게 되자, 나는 이것들을 이루기 위한 계획을 짤 필요를 느꼈다.

2장 설교 계획 발전시키기

설교 계획을 미리 짜 놓으면 메시지를 좀 더 효과적으로 선포할 수 있으며,
그리스도에게 헌신하는 공동체를 만들어 갈 수 있다.

설교 계획 발전시키기

　개정판 공동성서일과에 대하여 언급한 바 있다. 그것은 교회가 3년에 걸쳐 성서 전체를 읽도록 짜여져 있다. 신학교에서는 '성서일과에 맞추어' 설교하도록 교육을 받는다. 성서일과에 맞추어야만 목회자가 자신이 선호하는 본문에만 집착하지 않게 되고, 어려운 본문을 기피하지 않게 된다고 교육받는다. 그와 같은 맥락에서 사람들은 영향력 있는 설교란 언제나 성서의 텍스트로부터 시작하며, 이러저러한 이야깃거리로는 영향력 있는 설교를 할 수 없다고 말한다.

　성서일과에 따른 설교에 대해 간단히 말하기 어렵다. 그러나 교회의 목적이라는 확장된 시각에서 나의 설교를 살펴보고 1, 2년에 걸쳐 그 목표를 이루기 위한 계획을 세우다 보니, 성서일과에 따라 설교한다는 것이 불편하게 되었다. 어떤 면에서 보면, 집을 짓기 위해 성서일과를 사용하는 것은 - 교회의 다섯 가지 목표와 목적을 달성하기 위해 - 마치 도안

된 집의 크기, 모양, 디자인이나 건설 계획표는 보지도 않은 채 자재 저장소로부터 훌륭한 건축 자재들을 무작정 일터로 옮기는 것과 같은 것이다. 물론 도안 없이도 옮겨진 훌륭한 자재들로 집을 지을 수 있을지 모른다. 하지만 그 집을 짓는 과정은 매우 싫증나고, 절망스럽고, 궁극적으로는 매우 어려운 여정이 될 것이다.

결국 나는 1992년 이후 성서일과 사용을 멈추었다. 대체로 강림절 기간에는 성서일과를 따랐다. 그러나 나머지 기간 동안에는 내가 의도한 목적을 달성하기 위하여 전략적으로 계획한 것을 따라 연속적으로 설교하였다. '

그러나 이것은 설교 계획을 세우는 데 있어 첫 단계에 불과하다. 이 장에서 나는 24개월 전에 설교 주제를 잡아놓는 과정을 말하고자 한다.

앞장에서 잠깐 언급하였듯이, 1990년 초 나의 설교 계획은 다음과 같았다. 월요일 아침이면 정해진 성서일과표에 따라 네 개의 본문을 읽는다. 그 중에서 우리 교회 상황에 어울릴 만한 본문 하나를 정한다. 그리고 그 본문을 연구하기 시작한다. 목요일쯤 나는 원고의 첫 초안을 완성하고, 찬송가와 기도 등과 같은 다른 예배 순서들을 설교 주제에 맞추어 선택하여 끼워 넣는다. 이 과정에서는 성가대가 설교와 관련한 찬양을 준비할 기회가 빠져 있다(합창은 적어도 6주 전에 곡을 정하고 연습해야 한다.). 성가대나 기악단원들은 찬양을 연습할 기회가 없기 때문에 자신들의 능력을 최대한 발휘할 수가 없다(연습은 수요일 밤에 이루어진다.). 그 당시 우리는 비디오를 사용하지 않았다. 하지만 그때에 비디오를 사용했다면, 첫 예배를 드리기 24시간 전에 비디오의 도움을 받는다는 것이 불가능했을 것이다. 그리고 다른 목회 영역들, 특히 제자 훈련과 교육 사역을 예배 주제와 맞출 만한 기회가 없었을 것이다.

지금 나는 앞으로 2년 동안의 설교 계획을 짜 놓았다. 다음 열두 달 동안의 각 설교들의 날짜, 제목, 기본 틀이 잡혀 있다. 앞으로 2년간의 설교 시리즈는 거시적 주제 속에 세부적 틀을 갖추었다. 우리의 예배 기획진들은 이 주제들을 공유하며 가능한 이 주제들과 관련한 계획을 짜기 위해 노력한다. 비디오팀과 음악팀들은 몇 달 전부터 설교를 돕기 위한 노래와 비디오를 고르기 위해 논의한다. 때에 따라 중요한 음악 발표회를 설교 주제와 연결시키기도 한다. 몇 년 전 나는 야곱의 아들 요셉에 관한 설교를 연속적으로 한 적이 있다. 우리 음악 사역팀은 이 설교 시리즈와 일치하는 음악 프로그램(Joseph and the Amazing Technicolor Dreamcoat)을 제작하기도 하였다. 다음 해에는 엘리야에 대한 연속 설교를 했고, 음악 사역팀은 멘델스존의 명곡인 오라토리오 '엘리야'를 제작했다. 두 경우 모두 설교가 음악 사역을 성공하도록 도왔고, 또한 그 음악 사역을 통해 설교 시리즈는 성공했다. 덧붙여 각 예배에서 오르간 전주, 찬송, 경배 찬양, 목회 기도, 성가대 찬양, 봉헌(송), 이 모든 것들이 공동의 주제를 위해 모두 협력적으로 작용한다. 때때로 나는 설교에 앞서서 하는 성가대 찬양을 설교 중에 해 줄 것을 부탁하기도 한다.

다음 장에서 언급하게 될 다양한 설교 시리즈의 사례를 읽을 때, 이 장에서 묘사한 과정을 마음에 두길 바란다. 비디오나 예술적 행위를 이용하는 예외적인 설교 시리즈는 새로운 사역을 개진시키거나 연구함으로써 다른 영역의 사역들이 주제들을 '더욱 풍성하게 할' 저금통 같은

말씀을 해방시켜라

기회를 제공해 준다. 그리고 그러한 것들을 통해 반응을 살필 수도 있다. 그러나 이것은 모든 사람이 함께 계획하고 일할 시간이 있을 때만 가능하다.

내가 이 장을 10년 전에 읽었더라면, 나는 2년 전에 설교를 계획하는 것은 불가능하다고 말했을 것이다. 나 또한 어떻게 목회자가 2년 전에 미리 설교를 계획해 놓은 상태에서 급박한 시대 문제에 반응할 수 있겠는가라는 물음을 제기했을 것이다. 내가 이 두 번째 이슈에 먼저 초점을 맞추는 것을 이해해 주기 바란다.

설교가 2년 전에 미리 계획되었을 경우, 대체로 적어도 하나의 설교 시리즈 또는 시리즈의 일부분을 그 해에 다 못 끝낼 수도 있다. 그 시리즈는 더 이상 적절하지 않게 느껴질 수 있다. 때로 내가 좀 더 자세히 파고 들어가기 전에 한 해가 끝날 수도 있고, 그 당시의 교회 공동체의 상황과 맞지 않을 수도 있다. 우리가 추구하는 것은 몇 달 전에 미리 이것들을 바꾸고, 다른 사역자들이 적응할 수 있는 충분한 시간을 주는 것이다. 이러한 일은 자주 일어나지 않는다. 그러나 일어나기도 한다. 추가로 덧붙인다면 국가적으로 또는 우리 공동체에 중요한 사건들이 발생했을 경우, 우리의 사역팀들과 공동체는 당면한 요구를 충족시키기 위해 계획했던 것들을 언제든 바꿀 수 있다는 것을 알고 있다. 이것에 대한 가장 좋은 예가 2001년 9월 11일에 일어난 테러리스트들의 공격이다. 우리는 3주 전 계획했던 설교를 연기하였고 주변 공동체와 교회를 위한 목회적 돌봄에 초점을 두었다.

다가올 2년 동안의 설교를 계획했다 하더라도, 각 설교들은 그 당시의 이슈에 초점을 맞추어야 한다. 그 한 예가 내가 2002년 가을 바울서신에 대해 시리즈로 했던 설교다. 매주 우리는 서로 다른 서신을 연구했다. 그리고 설교의 3분의 1은 서신의 역사적 배경과 정황에 대해 가르쳤다. 설교의 나머지 부분은 서신의 중심 사상 한두 가지를 다루었다. 나는 각 서신의 중심 사상을 여섯 달 전에 미리 선택하였다. 그럼에도 불구하고, 나는 매주 설교를 준비하면서 적어도 한두 번은 국가나 회중 속에서 발생하는 사건들에 관해 이야기해야 할 필요를 느꼈으며 따라서 계획된 틀을 바꾸어야 한다는 것을 깨달았다.

그러나 도대체 설교가는 어떻게 매주 또는 매달 기준으로 설교를 발전시켜 2년 분량의 설교 아이디어들을 발전시켜 나갈 수 있을까? 이 장의 나머지 부분에서 이것을 중점적으로 다루고자 한다.

장기 설교 계획 세우기

장기 설교 계획을 세우기 위해선 세 가지가 필수적이다.

1. 시간 비우기
2. 회중의 요구, 지역 사회와 세계가 직면하고 있는 이슈들의 인식
3. 기도

시간 비우기
시간 내는 것부터 시작하자. 몇 달 분량이라 할지라도, 설교 계획을

짜는 일은 교회의 일상적 목회 사역을 벗어나 일정한 시간을 비우지 않으면 불가능하다. 반드시 기도하고, 묵상하고, 독서하고, 설교의 틀을 마련할 시간을 가져야 한다. 일체의 방해가 있어선 안 된다. 나는 이러한 일을 집에서 하지 못한다. 이 일을 하기 위해 조용한 수련센터를 찾아 작업을 한다. 이것은 휴가가 아니다. 교육의 일환도 아니다. 여러분이 영향력 있는 지역 교회의 설교가가 되기를 원한다면 반드시 가져야 할 합법적인 시간이다. 여러분이 왜 이러한 시간을 보내야 하는지에 대한 이유와 이 일을 통한 설교의 질적 향상이 공동체에 가져올 가치에 대하여 여러분의 공동체가 잘 이해하도록 하는 것이 중요하다. 여러분이 작은 교회에 속해 있다면, 교회를 비울 때 목회적 책임을 대신 감당할 평신도들을 두는 것이 중요하다.

내 경우는 이러하다. 나는 매년 7월 2주 동안 연구 시간을 갖는다. 이때는 거의 대부분 수련센터에서 나만의 시간을 보낸다. 일부 시간은 집에서 공부하거나 지역에 있는 신학교 도서관에서 보내며 밤 시간에는 아내와 아이들과 함께 보낸다. 이 2주 동안 나는 대략 90시간을 독서, 기도, 저술, 설교 틀을 준비하는 데 보낸다. 올해 여름 이 시간이 끝났을 때, 나는 다가올 4년 동안 사용해도 충분할 만한 설교 시리즈 아이디어를 기획팀에 가져다주었다. 그리고 그들에게 기도하며 우리 교회를 위해 가장 필요한 것이 무엇인가를 명확하게 피드백해 줄 것을 요청하였다. 덧붙여 다가올 세 달 동안의 설교의 좀 더 세부적 틀을 가져다주었고, 그 이후 아홉 달 동안의 설교 주제와 생각들에 대한 얼마간의 정보를 제공해 주었다. 이러한 생각들을 발전시키기 위해 내가 특별히 하는

설교 계획 발전시키기

일에 대해선 아래에 좀 더 말하겠다. 이 2주간이 교회에 유익한가? 물론이다. 그리고 이 과정에서 나 또한 새로워지는 것을 경험하게 된다.

7월의 이러한 시간과 더불어, 크리스마스 연휴 직후에 이틀의 시간을 더 가진다. 이때는 이미 준비한 설교 계획을 보강하고 다가올 설교들에 대하여 추가적으로 연구하는 시간을 갖는다. 마지막으로, 매해 두 번 나는 주말 예배에서 벗어나 그 이틀 동안을 독서하고, 기도하고, 설교의 틀을 잡는 시간으로 보낸다. 매해, 모두 합해 15일 동안 설교의 틀을 짜거나 계획하는 시간을 갖는다. 이 시간들은 우리 교회의 설교와 예배의 질을 향상시키고 많은 성과를 가져다준다.

정기적으로 2~3일 동안 설교 준비를 위해 시간을 갖는 것에 대해 조금만 더 설명하겠다. 나는 감리교 수양관이나 지인들의 휴양소 또는 가톨릭교회의 수도원, 때로 아내나 아이들이 친척을 방문하기 위해 집을 떠났을 경우에는 집에서 설교 준비를 한다. 나에게 중요한 것은 방해를 최소화한다는 것이다. 나는 숲길을 걸을 때 기도가 더 잘 되고 집 밖에 있을 때 창조성이 회복된다는 사실을 발견하게 되었다.

현실적 요구에 대한 기도와 인식

나는 수양관에 갈 때 다음과 같은 질문을 안고 간다. '우리 교회의 성도들은 어디에서 상처받는가?', '그들은 무엇을 두려워하며 염려하는가?', '그들의 신앙의 자리는 어디인가?', '그들은 어디에 가장 도달하고 싶은 것인가?', '지난 해 나의 설교가 간과한 목회적·영적·신학적 주제 또는 성서의 부분은 어디인가?', '어떻게 하면 교인들이 그리스도와의 관계 속에서 자라나도록 도울 수 있을까?', '그들이 세상 속에서 자신들의 믿음으로 힘 있게 살도록 돕는 방법은 무엇인가?', '교회 자체에 필요한 것은 어떤 것인가?', 그리고 '하나님이 당신의 자녀들에게 하고자 하시는 말씀은 무엇일까?'

나는 이러한 내용들을 한 장의 종이에 써서는 준비 기간 내내 들고 다닌다. 이 기간 동안 책, 신문지, 자료들, 기도 요청 카드, 교회의 큰 사건들이나 급박한 일들, 나의 개인적 목적, 성경책 등을 한 꾸러미 챙겨 들어간다. 나는 장시간의 '기도 산책'을 하며 이 여정을 시작한다. 때론 찬송가를 흥얼거리거나, 기도하거나, 하나님께 예배드리면서 한 시간가량을 걷는다. 나의 목적은 성령께 내 자신을 온전히 열어 드리는 것이다. 나는 하나님께 나를 인도해 주실 것을 요청하고, 나의 돌봄을 신뢰하는 교회 공동체에게 무엇을 말해야 할지를 깨닫게 해 달라고 도움을 구한다. 이 기도의 시간은 나를 정화시키고, 방에 돌아올 즈음에는 위에서 언급한 질문들에 대한 대답들이 내 머릿속에 가득 차 있다. 나는 이것들을 몇 줄로 정리하기도 한다. 그러나 나는 그 이후의 시간들에 초점을 맞춘다. 그 시간에 성서를 읽거나, 다가올 해에 교회가 정한 목표들을 점검하거나, 우리가 사는 세계가 직면하고 있는 문제들을 알려 주는 신문을 훑어보거나, 성도들이 제출한 기도 요청 카드를 살펴본다. 그러면서 그들을 위해 기도하고 우리 교회의 목회적 요구들에 대하여 그들이 나에게 말하는 바를 깊이 생각한다.

이 다양한 내용들을 생각하며 시간을 보내다 보면, 내가 위에 언급한 질문들('성도들은 어디서 상처를 받는가?' 등등)에 대답을 주는 생각들이

설교 계획 발전시키기

머릿속에 떠오른다. 2시간 후에 또다시 기도 산책을 시작한다. 기도, 명상, 저술과 같은 사이클을 반복하기를 이 기간 동안 내내 수없이 한다. 이 과정은 대개 수많은 설교를 위한 아이디어들 – 내가 다 사용할 수 없을 만큼 – 을 이끌어 내곤 한다. 이 아이디어들을 컴퓨터에 저장하고 다음 준비 때에 꺼내 본다. 지난 해 내가 사용한 설교의 단초들 가운데 일부는 4~5년 전의 준비기간 중에 생각난 것들이다.

기획하기

그 후, 나는 그 다음 2년을 월별로 나누어 한 장의 도표에 그린다. 앞으로 일어날 일들에 대해 내가 알고 있는 것들을 적는다.(예를 들어, 매년 가을 우리는 3주 동안 청지기 정신을 강조한다.) 그 다음에는 2장에서 말할 설교의 다섯 가지 목표를 기획한다. 아래에 일 년 동안 각 기간마다 자주 강조하는 설교의 유형이 예시되어 있다.

1~2월	사순절	5~6월	7~8월	9~10월	11월	강림절
전도	제자 훈련	목회적 돌봄	제자 훈련	온전케 함 파송	제도적 개발	자유 주제

7장에서 좀 더 자세히 이야기하겠지만, 나는 1~2월에는 크리스마스 이브 예배의 촛불 장식을 보기 위해 나오는 다양한 방문객들이 다시 교회에 올 수 있도록 유도하기 위한 설교를 준비한다. 그들이 2월까지 계속 나온다면, 그들의 신앙과 우리 성도들의 신앙이 깊어지도록 하기 위

해, 사순절에 관한 성서 구절과 영적 훈련, 기독교 신학을 가르친다. 대체로 사순절 기간에는 전 교인들이 복음서 가운데 하나를 선택하여 통독하도록 한다.(이 부분에 대해선 8장에서 자세히 다루겠다. 8장에서는 내 설교에 따라 사용하는 성경공부 안내서에 대해 다룬다.) 부활절을 보내면서는 종종 우리 성도들에게 치유와 희망, 위안을 제공하며 부활절 방문객들에게 호감이 갈 만한 목회적 돌봄을 주제로 한 설교에 초점을 둔다. 7~8월에는, 대체로 헌신적인 멤버들이 매주 참석하는 시기이므로 제자 훈련에 다시 한 번 강조점을 둔다. 설교는 이들이 예배에 열심히 참여하도록 독려하고 희망하는 주제로 정한다. 초가을, 성도들이 자신들의 신앙 성장을 원할 때 '좀 더 고양되고 성장할 수 있도록' 구비하고, 자극하며, 도전하는 설교 시리즈를 포함시킨다. 우리는 종종 예배자들이 소그룹이나 지역 봉사에 참여할 수 있도록 '목회적 관계'를 맺어 준다.

이 설교를 하는 동안 나는 교회 공동체 구성원들에게 교회가 기대하는 바를 상기시킨다. 그것은 다음과 같다. 매주 예배드리는 것을 상기시키며, 예배의 의미와 의식에 대하여 설교한다. 소그룹 활동이나 그 밖의 활동을 통해 의도적으로 영적 성장을 추구해야 함을 상기시키며, 설교에서는 소그룹의 중요성에 대하여 이야기한다. 매해 교인들이 적어도 교회의 한 가지 사역을 통해서라도 하나님을 위해 봉사해야 함을 상기시키며, 봉사의 소명을 설교한다. 소득의 십일조를 내는 것이 성경적 명령임을 상기시키는데, 이 주제에 대한 설교는 매년 11월에 재정에 관한 캠페인을 강조할 때 한다. 마지막으로, 12월에는 그리스도 탄생을 기념하기 위해 준비하면서 강림절에 관한 주제를 다룬다. 강림절 설교 시에는 대개 성서일과로 돌아온다. 그리고 이 성서 본문에 접근하기 위한 창조적이고 흥미로운 방법을 모색한다.(11장에서는 우리 교회의 강림절 설교 시리즈를 몇 가지 공개하겠다.)

머릿속에 이러한 틀을 가지고, 나는 기도와 명상의 시간 동안 흘러나온 설교에 대한 생각들을 달력 위에 배치한다. 이것은 우리 교회의 예배 기획팀에게 건네줄 설교 계획의 틀이 된다.

나는 주로 시간의 절반을 미래 설교에 대한 생각을 끌어내는 데 몰두하며 보낸다. 나머지 절반은 앞으로 몇 달에서 일 년에 이르는 설교의 틀을 짜거나 독서 또는 연구하며 보낸다. 예를 들어, 2002년 여름 베네딕트 수도원에서 3일 동안 전적으로 침묵하며 지내기도 했다. 이 기간 동안 산책하고 기도하면서 위에서 말한 것들을 해결하기 위해 힘썼다. 하루 반 동안을 앞으로의 설교 시리즈에 대해 생각하며 보냈다. 나머지 시간에는 바울 서신을 읽으며 주제를 정리하고, 그것과 관련한 자료들을 연구하며 보냈다. 그 결과, 그 다음 주 월요일 예배 기획팀들과 만났을 때 8~12월까지의 자세한 설교 초안과 그 이듬해 1~2월 설교 정리본을 가져다 줄 수 있었다. 이것 외에도 이 기간 설교 시리즈 제목들과 개별 설교 주제들을 뛰어넘는 시리즈에 대해 정리할 수 있었다. 그러나 이 설교들에 대한 세세한 정보는 아직 얻지 못했다.

나는 지금까지 2년 전에 앞서서 설교에 대한 아이디어를 끌어내고 설교의 초안을 작성하는 데 필요한 과정을 설명하여 왔다. 쓰고 나서 다시 읽어 보니, 실제로 하는 것보다 상당히 복잡한 듯한 느낌을 가지게 된다. 여러분은 일 년 단위가 아니라 월 단위로 미리 설교 계획을 짜도 될 것이다. 그러나 계획을 짤 때에는 기도하며, 여러분이 섬기는 교회에 필요한 것을 성찰하거나 성도들이 그리스도에게 온전히 헌신하도록 도울 수 있는 일이 무엇일지를 구상하기 위해 방해받지 않는 시간을 가질 필요가 있다. 여러분은 어쩌면 12개월이나 또는 6개월 전에 미리 계획을 짤 수도 있다. 여러분이 그렇게만 한다면, 여러분 사역의 목적을 이루기 위해 설교와 예배를 통해 메시지를 좀 더 효과적으로 선포할 수 있으며, 그 결과 그리스도에게 헌신하는 공동체를 만들어 갈 수 있으리라 확신한다.

성서 선택

최종적 설명은 제목 설교와 주제별 설교에 관한 것이다. 이미 말한 바와 같이, 내가 선포하는 설교의 일부분은 성서 강해와 성서 인물에 관련된 것이다. 그러나 특정 제목이나 주제에 관한 설교를 준비할 때에 - 가령, 용서 또는 결혼에 관하여 - 성서를 곡해하거나 성경의 본래 목적에서 벗어나 전하고자 하는 내용에 맞추고자 하는 유혹에 빠지지 않고 메시지에 집중할 수 있을까?

여기에 몇 가지 해답이 있다. 첫째, 성서를 공부하면 할수록 성서의 메시지에 근접하게 된다. 그리고 성령께서 내가 과거에 공부한 특정 성서를 생각나게 하신다.(요한복음 14장 26절을 참고하라.) 둘째, 특정한 주제나 토픽을 주의 깊게 공부할수록 다른 기독교인들이 이 제목에 대하여 말한 것을 찾아보게 되고, 그들이 어떤 면에서 성서와 이 주제 사이에 연관성을 발견하였는지를 알게 된다. 마지막으로, 가장 중요하게는 다양한 주제와 제목에 대하여 말하고 있는 성서 구절들을 열심히 찾아보는 것이다. 나는 성서 구절들을 성서 소프트웨어를 이용하여 찾는다. 또한 여러 권의 성서 자료들을 비교하면서 이용한다. 그리고 유사한 이슈들에 대하여 성서의 저자들이 직면하거나 이야기하고 있는 것에 대하여 창조적으로 생각하기 위해 노력한다. 주제별 성경들은 이러한 과정을 잘 도와 준다. 물론, 열쇠는 우리가 하나님으로부터 진리의 말씀을 제공받으며, 현시대의 상황 속에서 말씀하시는 바를 확신하는 것이 중요하다. 이러한 일은 적절한 공부와 독서, 그리고 연구를 통해 가능할 뿐 아니라 진정으로 흥미진진한 작업이 될 것이다.

이제까지 우리는 계획을 세우고, 목적을 정하고, 설교의 초안을 미리 작성하는 것에 대하여 살펴보았다. 다음으로 매주일 설교를 준비하는 일에 대하여 살펴보기로 하자.

설교문 쓰기

설교의 영향력은 설교 준비를 위해 쏟아 부은,
방해받지 않은 시간과 질적으로 비례한다.

3장

·

설교문 쓰기

이 글을 읽는 여러분 대부분은 수년 동안 설교문을 써 왔을 것이다. 어떤 사람은 나보다 더 많은 기간 동안 써 왔을지도 모른다. 여러분은 여러분에게 맞는 설교문을 작성하는 방법이나 스타일을 가지고 있을 수도 있다. 나는 각 설교문을 준비할 때 설교에 대한 목표를 정하는 시간을 갖는다. 그 다음 (2장에서 말한 것처럼 준비 기간에 정해진) 설교의 틀을 잡아 놓는 것에서부터 설교할 만한 최종적 초안을 준비하는 실제적인 시간을 갖는다.

설교의 목적

설교를 준비할 때, 첫 번째로 하는 일이 설교의 목적을 정하는 일이다. 주제와 상관없이, 나의 목적은 내가 선포하는 모든 설교는 우리 교회 회중이 들었던 이 특정한 주제나 본문의 내용 중 가장 잘 연구된 설교여야 한다는 것이다. 내 설교 스타일은 일부는 교육이고 일부는 말씀 선포다. 나는 우리 교회 회중이 이전에 다른 설교에서는 들어보지 못한 것을 최소한 한 가지라도 배우기를 소망한다.(이것은 나 또한 설교를 준비할 때 새로운 것을 한 가지 이상 배울 필요가 있다는 것을 의미한다.) 나는 단순히 주제를 가르치기를 원하지 않는다. 주제를 하나님의 말씀과 연관시키거나 성서의 교훈과 연관시키기를 원한다. 그렇게 함으로써 성도들이 그들의 삶에 하나님의 말씀을 적용하게 하려는 것이다. 그러할 때 그들은 설교를 통해 도움을 받거나 용기를 얻고, 복을 받으며 또는 그 메시지에 따라 행동하도록 감동을 받는다. 말씀을 가르치는 선생으로서 나의 희망은 각 설교 시리즈가 어떤 주제이든 관계 없이 대학 수준의 과정에(비록 함축적이긴 하지만) 질적으로 떨어지지 않는 것이다.

예를 들어, 이미 언급한 설교 시리즈인 '바울 서신들'에 있어, 나의 목표는 이 설교들이 내가 대학에서 들은 과정과 유사할 만큼의 내실을 제공하는 것이다. 나는 이 설교 시리즈가 끝났을 땐, 우리 교회 구성원들이 각 서신들이 어디로 보내졌으며 왜 바울이 그 편지를 썼는지, 그리고 어떻게 신약성서가 짜여졌으며, 그 서신들이 사도행전에 기록된 바울의 삶과 들어맞는지를 확실하게 알기를 원했다. 각 설교에는 바울의 여행 지도와 바울이 있었던 고대 도시들의 폐허를 보여 주는 비디오와 슬라이드가 사용되었다.(이 설교 시리즈를 준비하는 데 있어, 나는 43명의 교인과 13일 동안 바울의 2차 전도 여행지인 그리스와 터키를 돌아보는 선교 여행을 하였다. 그 여행을 통해 나는 바울과 그의 서신들을 더욱 잘 이해할 수 있게 되었다. 이 여행은 1년 동안 계획한 후에 이루어졌고, 이것은 내가 설교를 2년 전에 미리 계획했기 때문에 가능한 일이었다.)

그럼에도 나의 설교의 목표는 바울과 그의 서신들에 대한 지식적 정보를 제공하는 것에만 있는 것이 아니다. 오히려 이 정보들을 이용하여 예배 참가자들이 각 서신들의 중심 주제를 알게 하는 것이 중요했으며 그 주제들을 그들의 매일의 삶과 연계시키도록 하려는 것이었다. 이런 점에서 각 메시지들은 전통적인 설교와 비슷해 보이기 시작한다.

그렇다면 이런 설교를 하기 위해서는 어떤 준비가 필요한가? 이러한 설교의 전형적인 준비 과정은 다음과 같다.

설교 준비하기

월요일이면 나는 오전 9시 45분에 교회 사무실에 도착한다. 이때 나는 주말 예배 이후 아침에 쉴 기회를 얻는다. 나는 성전으로 가서 기도를 시작한다. 의자들 사이를 걸으며 돌아오는 주말에 그 자리에서 예배 드릴 사람들을 위해 기도한다. 그리고 하나님께서 그들에게 들려주시길 원하는 것을 내가 듣고 준비할 수 있게 해 달라고 도움을 구한다. 그렇게 10~15분 정도 기도한 후 예배 기획팀을 만난다. 나는 이 팀에 누가 있는지, 이 모임에서 어떤 일을 하는지를 6장에서 자세히 언급할 것이다.

우리는 기도로 모임을 시작하고, 하나님이 우리를 인도하시고 사용해 주시며 우리를 통해 역사해 주실 것을 구한다. 우리는 우리가 계획하는 예배가 성령으로 인도되기를 기도하고, 하나님께 영광 돌리기를 구한다. 그리고 예배가 하나님이 당신의 백성들을 사역하시는 도구가 되기를 간구한다. 우리는 보통 한 시간에서 한 시간 반 정도 모임을 갖는다. 그 시간 중 절반은 다가오는 주말 설교에 초점을 맞추고, 나머지 절반 가량은 우리가 예배에서 행하는 예배 행위들을 향상시킬 만한 다양한 미래적 예배 모습, 특별한 예배 모습에 초점을 둔다. 다가올 주말 설교에 관계된 모임이기 때문에, 예배 기획팀은 몇 달 전에 인쇄해서 나누어 준 설교 계획을 면밀하게 검토한다. 그들은 이 계획에 따라 그들의 다양한 예배 요소들을 미리 준비하는 데 착수하였다. 나는 그들이 내가 이끌고자 하는 설교 방향을 따라가도록 하며, 설교 내용과 그 주말의 예배를 위한 다른 창조적 아이디어들에 관한 그들의 제안과 생각들을 받아들인다.

그 모임이 끝나면 나는 집에 있는 연구실로 돌아온다. 집은 교회 사무실보다 훨씬 조용하다. 나는 집에서 메시지에 대하여 사전 작업을 한다. 대개는 책과 다른 자료들을 산더미처럼 쌓아 놓고 쓰려는 설교를 연구하는 데 사용한다. 여러분이 더 자세히 알도록 하기 위해, 실제로 내가 앞서 언급하였던 디도에게 보내는 바울의 편지에 대해 설교를 준비했던 과정을 살펴보겠다.

나는 집에서 설교 준비를 시작할 때, 기도 가운데 하나님의 음성을 듣고 연구하는 과정 중에 나의 믿음이 성장하게 해 달라는 간구를 먼저 한다. 그 다음, 디도에게 보내는 편지를 성서 소프트웨어에서 워드 프로세서로 붙여 놓는다. 그리고 거기서 편지를 주의 깊게 읽으며 떠오르는 나만의 생각들과 덧붙일 만한 것들을 타이핑한다. 그 다음 단계에서는,

세 개의 다른 주석서에서 이 편지에 대하여 쓴 것들을 읽는다. 다음에는 성서 소프트웨어 프로그램에서 신약성서에서 디도에 대하여 언급한 모든 내용들을 찾아낸다(13개가 언급되어 있는데, 대부분은 고린도후서에 나와 있다.). 나는 신약성서에서 말하는 디도에 관하여 확실하게 알아 낸 모든 것들을 가지고 초안을 잡는다. 그 다음에는 내가 CD롬에 가지고 있는 초기 교부들의 업적에 대한 전자책을 살펴보면서 초기 교부 시대에서 디도에 대해서 말하는 성서 이외의 언급에 대하여 조사하기 시작한다. 정보를 얻기 위해 인터넷을 검색하기도 한다. 인터넷을 통해 크레타섬에 디도가 매장되었고 94세까지 살았다는 정보를 제공하는 사이트를 발견하였다. 나는 다시 처음으로 돌아가 이러한 정보들을 근거로 서신을 다시 읽기 시작하였다. 바울로 하여금 이 편지를 쓰도록 만든 숨겨진 이야기를 찾기 시작하였으며, 주석서에서 보았던 것과 겹치는 주장을 발견할 수 있었다.

이제부터는 디도서에서 강조하는 것, 특별히 초기 교회의 형성과 지도자들이 기대하는 것과 관련된 문제들과 우리 교회 생활의 문제들과 관심사들 사이의 연결점에 주목하였다. 다가오는 해에 우리 교회의 중요한 전략적 목적 가운데 하나는 소그룹을 강조하는 것과 목회 서신들에 나오는 장로들과 같은 리더들을 양육하는 일이다. 따라서 나는 우리가 디도서를 연구할 때 이러한 비전에 대한 가능성을 확장시키는 데에 성령께서 불을 지피시는 것을 느꼈다. 디도서의 중요한 강조점은, 저자가 디도로 하여금 크레타섬에 있는 기독교인들에게 '선한 일들', 즉 - 예수님의 말씀에 의하면 - '그들의 빛을 비추도록' 도전하는 것이다. 나는 이러한 도전이 11월에 우리가 청지기 정신에 대하여 강조하기 위해 착수하는 것과 매우 잘 연결되는 사실에 경이로웠다. 우리는 그것을 통해 성도들에게 청지기 정신에 대하여 확장된 시각을 갖도록 - 그것을 전적으로 헌신된 삶으로 보도록 - 도전할 예정이었으며, 하나님을 전심으로 섬기도록 할 계획이었다.

크레타섬의 기독교인들에게 '게으르지' 않고 그들의 믿음을 '널리 펼쳐서' 살도록 도전하는 것과 우리 교회 성도들이 '구경꾼' 기독교인에 안주하는 것이 아니라 하나님께 능동적으로 헌신하기 위해 한 발짝 나아가도록 하나님이 부르시는 것 사이에는 연관성이 있었을까?

원고 작성

위에서 설명한 바와 같이 처음 방향에 따라 조사하고, 일하고, 독서하고, 연구하는 데에는 대략 여섯 시간이 소요된다. 그 다음 날 다시 한번 기도하며 하나님의 뜻을 구한 후에, 작성해 놓은 메모를 토대로 원고의 초안을 작성하기 시작한다. 원고를 작성하는 중간에 디도서를 한 번 더 읽기 위해 시간을 갖는다. 이쯤이면 나는 디도서와 그에 대해 배운 것, 연구를 통해 각인된 것들과 내 자신의 삶에서 얻은 통찰력에 대해서 진정으로 매료된다. 원고의 첫 초안이 끝나면, 주말에 나오는 주보에 실을 설교 노트에 대한 작업을 시작한다.(설교 노트와 성경공부 지침에 대해서는 8장에서 자세히 다룰 것이다.)

이번 주, 상대적으로 분량이 적은 서신인 디도서에 대한 설교의 첫 작업은 열 시간 만에 끝이 났다. 이제 이틀 동안 설교를 검토한다. 이따금 디도서를 묵상하거나 다시 한 번 읽는다. 이러는 동안 교회의 비디오 팀에게 인터넷에서 찾은 크레타섬의 멸망에 관련된 사진들과 내가 설교에서 사용하고자 하는 지도들을 건네준다. 우리는 설교를 구체적으로 표현해 줄 만한 것들이 무엇이며 어떤 비디오 인터뷰 자료들을 사용할지를 고민한다. 그러나 이 이틀 동안에는 설교에 대해 너무 많은 관심을 쏟아붓지 않는다. 목요일 늦은 저녁 즈음에 나는 설교 초안을 재검토한다. 두 번째 원고를 작성하며, 주보에 싣게 될 서신서의 성경공부 지침을 개발시킨다. 나는 금요일에 원고를 비디오 담당 부서에 이메일로 보내고, 그들은 내가 설교할 때 비디오 스크린에 사용할 성서 구절들을 컴퓨터 프로그램에 입력한다.

토요일 오후 나는 원고를 재작성한다. 이렇게 하면 원고와 변화된 내용들을 가다듬을 수 있고 본문을 완전히 기억할 수 있게 된다. 나는 보통 각각의 설교 원고들을 적게는 세 번, 많게는 예닐곱 번씩 밑그림을 그렸다. 때로는 설교를 33분에 맞게 줄여야 한다는 것이 어려웠다.

오후 4시 30분에 최종 원고를 출력했고 비디오 담당 부서와 교회 안의 청각 장애우들을 위한 복사본을 만들었다. 그들은 예배 후 원고를 읽으면서 그들이 흘려버린 것들을 다시 체크할 수 있도록 편의를 제공받았다. 나는 마지막 원고를 출력한 후에 예배당으로 간다. 그곳에서 예배에 성령이 강하게 임재하기를 구하고, 설교하는 중에 내가 하나님이 행하시길 원하는 일들에 방해되지 않기를, 나는 사라지고 성도들이 하나님께로부터 들을 수 있는 기회를 얻기를 기도한다. 탁아소에서 어린이를 돌보는 사역자로부터 안내 맡은 자들에 이르기까지 예배를 돕는 모든 이들을 위해 기도한다. 오후 5시가 되면 오후 예배가 시작된다.

나는 토요일 밤 예배에 늘 감사하다. 이 예배는 실제적으로 설교가 회중에게 어떤 영향을 미치고 있으며, 영향을 미치지 않는 것이 무엇인지를 알게 해 주기 때문이다. 나는 토요일 밤 예배 참석자들이 주일날 아침에 듣게 될 사람들보다 좀 더 세부적인 내용의 설교를 듣는 것에 감사해한다고 생각한다. 나는 설교하면서 성도들의 얼굴 표정을 통해 혹 설교 가운데 어떤 것들이 그들과 통하지 않는지를 관찰한다. 내 아내 라본은 이 예배에 참석하여 기록하면서 설교에 개선해야 할 부분이 무엇인지를 피드백해 준다.(그녀는 이 일을 매우 재치 있게 하며, 어떤 때에는 매우 중요한 것을 지적해 준다. 그녀를 만난 것은 행운이다!) 토요일 밤이나 주일날 이른 아침, 나는 라본의 피드백과 토요일 밤 예배 때 사람들이 보여준 반응에 근거하여 마지막으로 원고를 수정한다.

나는 설교 원고를 준비하지 않는 목회자들에 대해 알고 있다. 나는 특별히 원고를 준비할 시간이 없을 때는 개요를 가지고 설교하곤 했다. 나는 청각장애 교우들에게 매우 감사하다. 그들은 나에게 설교 원고가 있다면 더 좋을 것 같다고 말해 주었다. 그 때문에 억지로라도 원고 하나를 만들기 위해, 매번 변화를 주고, 설교의 요소들을 바꾸고, 개요만 가지고 설교할 때는 결코 할 수 없는 방식으로 사소한 것을 바꿀 때마다 주의 깊게 생각한다. 그 결과 더 좋은 설교를 할 수 있게 되었다. 덧붙여 원고는 책으로 재편집할 수 있다. 주로 우리 시대의 논쟁적 이슈들에 대해 설교한 시리즈를 모아서 2001년 아빙돈출판사에서 「논쟁적인 문제에 대면하기」라는 제목으로 출간하기도 하였다.

시간을 잘 보내는 것의 가치

나는 한 편의 설교를 작성하기 위해 독서하고, 연구하고, 준비하고, 기도하고, 저술하기 위해 15~20시간을 소요한다. 시간을 줄일 수는 없었을까? 나는 목회 사역 초기에 8~10시간을 소요했다. 그러나 설교를 준비하는 데 소요되는 시간의 증가와 내용과 표현의 질적 향상은 직접적인 상관 관계가 있음을 믿는다.

목사가 어떻게 설교를 준비하는 데 소요되는 시간의 양을 합리화할 수 있을까? 목사로서 교회의 모든 부분의 사역이나 성도들을 감동시키는 데 있어 설교만큼 커다란 영향을 미칠 수 있는 영역은 없다. 설교가 항상 질적으로 뛰어나다면, 사람들이 자신들의 친구들을 교회로 이끌 것이고, 오랜 시간이 흐르다 보면 그리스도를 섬기는 신앙은 성장하고, 헌금도 많아질 것이며, 다른 모든 교회 사역에 유익이 될 것이다. 반면 설교가 빈약하게 되면, 교회 안의 다른 모든 사역은 불리한 영향을 받게 될 수 있다.

마지막으로 한 마디 한다면, 여러분과 여러분의 교회가 설교 준비 시간을 마련하는 일은 매우 중요하며 이는 타협의 여지가 없는 일이다. 그 기간 동안 여러분은 아무런 방해 없이 지낼 수 있어야 한다. 작은 교회일 경우 여러분이 독서하고, 연구하고, 설교문을 미리 작성할 때까지 위급한 일을 대신 맡아 줄 사람이 있는가? 설교 작업을 하기 위해 전화도

말씀을 해방시켜라

울리지 않고 방문객도 없는 장소로 떠날 수 있는가? 물론 급한 연락이 올 때도 있다. 그럴 땐, 그 주의 다른 날에 그만큼의 시간을 내어서 설교 준비를 해야 한다. 설교의 영향력은 설교 준비를 위해 여러분이 쏟아 부은, 방해받지 않은 시간과 질적으로 비례한다. 그리고 여러분이 섬기는 교회 공동체의 힘은 설교의 영향력에 일부 근거한다. 나는 16장에서 교회의 평신도 리더들에게 보냈던 편지 한 통을 소개할 것이다. 그 편지를 통해 설교 준비 시간을 적절하게 갖는 것의 중요성을 당신과 평신도 리더들이 알게 하려는 것이다.

준비 기간을 가지는 것은 설교의 질을 향상시키는 데 필수적이다. 다른 어떤 요소들이 설교를 효과적으로 할 수 있겠는가? 다음 장에서 이것을 중점적으로 다루어 보겠다.

4장 중요한 세 가지 원리

흥미롭고, 청중의 삶과 관련된 말씀이며,
정말 열정적일 때, 설교를 듣는 청중은 감동을 받는다.

4장

·

중요한 세 가지 원리

위대한 설교를 하기 위해 필수적인 원리들이 많이 있다. 몇 가지에 대해선 이미 말한 바 있다. 반드시 성경적이어야 하며, 목적이 있어야 하고, 잘 준비해야 하고, 기도에서 영감을 얻어야 한다. 이 책의 나머지 부분들은 그 외의 원리들에 대한 이야기다.

그러나 이 시점에서는 오늘날 설교가들이 영향력 있는 설교를 하기 위해 고심할 때 반드시 필요한 세 가지 중요 원리에 대하여 짚고 넘어가야 할 것 같다. 설교의 성취 목적은 청중을 감동시키는 설교를 하는 것으로, 흥미롭고 청중의 삶에 접근해야 하며 진짜 열정적인 설교가 되기 위해 설교가에 의해 잘 다듬어져야 한다. 이 세 가지 원리에 대해 차례로 살펴보겠다.

말씀을 해방시켜라

흥미로운 세팅과 이야기들

사람들이 지루한 설교를 흥미롭게 듣지 못하는 것은 당연한 일이다. 오늘날의 엔터테인먼트 시대에, 공영 텔레비전 방송국에서조차 저녁 뉴스를 오락 방식으로 해야 할 필요를 느끼고 있는 이때에, 설교가는 사람들의 관심을 잡아끌어야 한다. 문제는, 결코 오락적이지 않은 심각하고 영적인 진리를 앉아 있는 사람들이 귀 기울일 수 있게끔 상황을 만들어 주어야 한다는 것이다. 예수님은 이 방법을 잘 알고 있었다. 그는 끊임없이 방탕한 자녀들과 어려운 이웃들, 그리고 그들의 가난한 이웃들이 아브라함의 품에 안겨 있을 때 지옥에 던져진 부자들에 대하여 이야기하였다. 그는 영적인 진리를 교감하기 위한 수단으로 이야기를 사용함으로써, 청중의 관심을 사로잡고 각인시켜 그들이 진정으로 변화하도록 하였다.

내가 아는 설교자 중의 일부는 너무 과도하게 이 방법을 사용하고 있다. 그들은 이야기가 끝나면 또 이야기한다. 그 이야기들에서는 영적 진리를 찾아 낼 길이 없다. 또 어떤 목회자들은 의미 있는 내용을 연구하거나 준비하기보다는 이야기를 찾느라 너무 많은 시간을 소비한다. 나 또한 훌륭한 내용의 설교를 준비했지만 그 메시지를 적절하게 연결시켜 설명하지 못한 적이 있다.

내 설교 속에 인용되는 훌륭한 예화의 대부분은 책에서 베낀 것들이 아니다. 물론 나도 때로는 예화집에서 도움을 받기도 한다. 그러나 내가 사용하는 중요한 예화들은 거의 나의 삶에서 우러나온 것들이다. 사람들의 이야기를 들으며 시간을 보내다 보면 좋은 예화가 생기기도 한다. 그럴 때는 그들의 동의를 얻어 함께 나눈다. 이야기를 찾는 데 나만의 원칙 몇 가지가 있다. (1) 내 아이들에 대한 이야기는 먼저 그들의 동의가 없이는 절대 사용하지 않는다. 아이들이 거절하면 이야기하지 않는다. (2) 죽음에 대한 이야기를 할 때는 얼마나 자주 하는가를 의식적으로 생각한다. 나는 어느 교인이 목회자 뒤에서 그에 대해 농담조로 "친애하는 죽음 씨!"라고 이야기하는 것을 들었다. 그 목회자는 매 설교마다 누군가가 죽는 이야기로 끝을 맺었기 때문이다. 물론, 죽음에 대한 이야기나 죽음에 직면하는 이야기는 힘이 있다. 그러나 가끔씩 사용할 때 훨씬 더 강력해진다. (3) 나는 단순히 이야기로 사람들을 감정적으로 유도하지 않기 위해 노력한다. 일부 설교가들은 사람들을 눈물 흘릴 만큼 감동시켰을 경우 자신들이 영향력 있는 설교를 선포하는 데 성공하였다고 느끼는 듯하다. 우리는 모두 경이롭고 강력하며 사람들을 눈물 흘리도록 감동시킬 만한 이야기들을 알고 있다. 이 이야기들이 우리가 전하는 메시지를 완벽하게 설명하기도 한다. 그러나 거의 모든 설교가들은 부족한 설교를 보완하는 수단으로 예화를 사용해 왔다.

이야기들을 가장 잘 사용하는 것은, 설교에 대한 흥미를 유발하기 위한 근거로 사용하는 것이다. 많은 경우 나는 설교를 위한 자료와 상황을 이야기를 통해 말하기 위해 일부러 어떤 경험을 하기도 한다. 몇 가지 예를 들어 보겠다.

어느 날 밤, 나는 늦은 시간에 세 시간 가량을 술집에서 사람들을 관찰하며 앉아 있었다. 주일날 나는 성도들에게 말하였다. "지난 주말 저는 늦은 밤 술집에서 몇 시간을 보냈습니다. 그때 제가 경험한 것을 여러분께 말씀드리겠습니다." 사람들은 지난 밤 늦은 시간 내가 술집에서 경험한 것을 조금이라도 빨리 듣고자 하였다. 나는 내가 지켜보았던 한 남자에 대하여 이야기하며 설교를 시작하였다. 그는 내가 지켜보는 가운데 차츰 인사불성이 되었다. 그리고 한 여성은 자신에게 접근하는 남자들과 어울려 에로틱하게 춤을 추고 있었다. 나는 내 옆에 앉아 있던 한 남자가 자신의 친구들에게 다음과 같이 이야기하는 것을 들었다. 그는 친구들에게 "내가 하는 것을 보게나." 하고는 자신의 결혼반지를 빼고 댄스 무대로 가서 그 여인과 춤을 추기 시작하였다. 결국 그는 술집 근처에 위치한 호텔 방을 예약한 후 그 여인과 함께 그곳을 떠났다.

내가 말한 것들은 모두 사실이었다. 그리고 그 이야기들은 내가 성경적 이야기를 소개할 수 있도록 흥미로운 상황을 마련해 주었다. 나는 성도들에게, 그곳 술집에 앉아 있으면서 예수님이 방으로 걸어 들어오시는 것을 상상했다고 말했다. 나는 복음서에서 예수님이 사람들에게 하신 일들을 생각하며, 예수님이 만일 그곳에 계셨다면 이 사람들에게 무슨 말씀을 하셨을까를 상상하기 위해 노력했다. 나는 예수님이 댄스 무대에 있던 여인에게 다가가셔서 그녀의 손을 잡으시며, 그 모습 그대로 사랑하신다고 온화한 목소리로 말씀하시는 모습을 묘사하며 이야기를 끝맺었다. 나는 이 여인에게 어떠한 변화가 일어났을까 궁금했다. 그 여인은 남자들이 술집에서 그녀에게 접근할 때 매우 외로워 보였다. 그녀가 예수님의 사랑을 알았다면, 그리고 그 사랑은 하룻밤의 사랑이 아니며, 예수님의 사랑이야말로 그녀가 진정 찾고자 한 사랑이라는 것을 알

앉다면 그녀가 어떻게 변했을지 궁금했다. 이 이야기는 자연스럽게 그 날 아침에 전해질 성서의 메시지로 우리를 인도했다. 누가복음 7장 36절의 말씀, '죄 많은' 여인이 예수님께 기름을 붓고 그의 발 밑에 앉아 한없이 울었던 이야기다.

어느 날 밤에는 그 지역의 가장 큰 응급실에서 두 시간 동안 머물 수 있도록 허락을 받고 오후 11시에서 새벽 1시까지 그곳에 들어오는 사람들과 그들을 다루는 의사와 간호사들을 관찰하였다. 그것은 대단한 경험이었으며 그 경험은 예수님의 치유 사역, 즉 예수님이 간호사와 의사들을 통해 어떻게 일하시는지, 그처럼 암울한 상황에서 예수님만이 주실 수 있는 희망에 관한 설교의 전 이야기로써 나누기에 정말 알맞은 이야기였다.

여러분이 관찰하기만 한다면 볼 수 있고, 귀 기울이기만 한다면 들을 수 있으며, 여러분이 요청하기만 한다면 사람들이 여러분과 기꺼이 나누려 한다는 사실은 놀라운 일이다. 몇 년 전 「뉴스위크지」의 표지 기사가 일 년 전에 한 고등학교에서 일어났던 미치광이 총격 사건에 대한 것이었다. 그 기사는 치유, 분노, 용서에 초점을 맞추고 있었다. 그 가운데는 그때 죽은 고등학교 교사의 남편과의 인터뷰가 실려 있었다. 내 비서는 인터넷으로 그 남자의 전화번호를 알아냈다. 나는 그 남자에게 전화를 걸어 나를 소개하고는, 그와 같은 끔찍한 비극을 경험한 후의 삶과 용서에 대하여 나와 우리 교인들에게 가르침을 줄 수 있는지를 물었다. 그는 대략 30분 동안 자신의 이야기를 들려주었다. 다음 주일날 예수님의 용서에 관한 가르침을 공부하면서 그의 이야기를 성도들과 함께 나눌 수 있었다. 결론적으로 우리가 배운 것은 이 남자가 총을 든 십대에게 아내를 잃고도 그들을 용서하고 살아갈 수 있다면, 우리 또한 예수님의 가르침을 삶 속에서 적용할 수 있을 것이라는 사실이었다.

다른 많은 예들이 있지만 여러분의 설교를 위한 이야기나 세팅에 흥미를 느끼게 되었다면 이 정도만으로도 여러분의 창조성은 충분히 자극을 받았을 것이다. 중요한 점은, 그 이야기가 여러분이 전하고자 하는 요점을 가려서는 안 된다는 것이다. 설교가 끝났을 때에, 성도들이 그들의 이웃들에게 여러분이 전하고자 했던 요점을 기억하며 말할 것인가? 그렇지 않다면, 여러분이 말한 이야기는 용도를 벗어난 것이다.

적절하게 적용하기

"사람들이 3천 년 전 히브리 민족(Jebusites)에게 일어났던 일들을 알기 위해 주일날 교회에 와서 마음을 졸이며 기다리는 것이 아니다."라는 말을 했던 사람은, 내가 알기로는 지난 세기 초반 저술 활동을 하였던 헤리 에머슨 포스딕(Harry Emerson Fosdick)이다. 포스딕이 옳았다. 하지만 그것은 우리가 히브리 민족에 대하여 설교하지 말아야 한다는 것을 의미하지는 않는다. 우리는 사람들이 역사적 교훈 이상의 것을 설교를 통해 듣기 원한다는 사실을 알아야 한다. 앞으로도 기독교인들은 오랫동안 역사적 교훈에 관심을 기울일 것이다. 하지만 메시지 중에는 집으로 가져가 개인적으로 적용할 만한 내용이 있어야 한다. 그들은 '히브리 민족이 오늘날 우리와 어떤 연관이 있는가?' 를 듣기를 원한다.

여러분도 그렇게 말하겠지만, 나도 교회 회중에게 성경을 가르치는 것을 좋아한다. 나는 공부하길 좋아하며, 내가 얻은 지식을 성도들에게 전달해 주는 것을 좋아한다. 그러나 내가 배우게 된 사실은, 내가 그들과 공유하는 정보가 그들의 삶과 연관되지 않는다고 느낄 때는 내 말들이 거의 무시된다는 것이다. 그러나 설교 중에 그들의 삶과 현 시대에 대한 메시지를 전할 때, 그들은 대개 성서의 새로운 정보를 배우길 즐긴다.

2년 전 모세에 대하여 8주 동안 공부할 때, 모세가 성서에서 기념비적인 인물이기 때문에 미리 모세에 대한 그들의 관심을 최고조로 유발시켰고, 결과적으로 그들은 모세에 대해 더 잘 알기 위해 관심을 기울였다. 그러나 이러한 관심도 내가 성서에 기록된 모세의 많은 이야기들이 바로 우리의 이야기이기도 하다는 사실을 이해시키지 않았다면, 이 설교는 두 편 정도까지밖에 유지되지 못했을 것이다. 나는 첫 설교시 도입부에서 약 10분 동안 그리스도가 오기 1700년 전 이집트가 힉소스(Hyksos) 왕조를 침공하였고 그로 인해 힉소스 왕조는 추방당하였으며, 이 두 사건 사이의 관계와 모세가 태어날 당시 히브리 민족이 억압당하였던 것에 대하여 가르쳤다. 그들은 역사적 교훈에 귀를 기울였다. 그것은 출애굽을 이해하는 중요한 단서가 되었다. 왜냐하면 그들은 역사적 정보의 어떤 면들은 자신들의 삶에 있어서 어떤 것을 해결할 중요한 실마리를 제공한다는 사실을 알았기 때문이다. 그들은 내가 공포스러운 바로 왕(Pharaoh)과 우리 마음속에 잠복되어 있는 두려움을 연관시켜 이야기할 것임을 곧 알게 되었다. 내가 히브리 아이들을 죽이라는 바로 왕

64

의 명령을 어긴 히브리 산파 십브라와 브아에 대하여 말할 때, 성도들은 그들처럼 용기 있게 살 것을 도전받는 교훈을 발견하였다. 그리고 모세를 구하였던 동정심 많은 공주 – 영웅적 선택에 있어 가장 의외의 인물 – 에 대하여 말할 때, 성도들은 하나님의 섭리와 하나님이 우리 삶 가운데서 참으로 신비로운 방법으로 역사하신다는 것을 알게 되었다.

우리 모두는 설교문 작성을 끝마치기 전에 반드시 중대한 질문을 던져야 함을 배우게 되었다. "그래서 어쨌다는 것인가?" 설교 마지막에서 그 질문에 대하여 명확하게 답해줄 수 없다면, 이 설교는 아직 완성된 것이 아니다.

열정적 표현

몇 달 전, 나는 우리 교회가 지역의 실내악 음악팀과 연합하여 주관한 클래식 음악 시리즈의 하나인 특별한 콘서트에 참석했다. 종종 클래식 음악에 귀를 기울지만 나는 로큰롤 세대다. 나는 단지 내가 이 행사를 지원하고 있다는 것을 보여 주기 위해 참여하였다. 그 행사에서는 게스트로 섭외된 피아노 연주가가 눈에 띄었다. 그는 클래식 전통에서 훈련받은 매우 재능 있는 사람이었다. 그러나 그날 밤의 진짜 힘은 다양한 예술가들의 클래식 음악에 대하여 가르쳐 주었던 사회자로부터 전해졌다. 그의 흥분, 열의, 열정은 전염성이 매우 강했다. 그 밤에 나는 그가 가르쳐 준 다양한 음악의 형태에 대하여 알게 된 것을 깊이 감사하며 그 자리를 떠났다. 이것이 바로 열정의 힘이다!

그 반대 양상을 살펴보면, 나는 최근 새로 문을 연 한 레스토랑에서 저녁을 먹고 있었다. 여종업원이 주문을 받기 위해 왔을 때 나는 가장 좋은 메뉴가 무엇인가를 물었다. 그녀는 어깨를 움츠리며 "저는 한 번도 먹어 보질 못했어요. 근데 어떤 사람이 스테이크가 제일 맛있다고 하더군요."라고 대답하였다. 나는 이와 같이 말하는 설교자들에 대하여 들어 왔다. 그들은 스스로도 진정으로 확신하지 못함에도 불구하고 위대한 영적 진리에 대하여 말한다. 아마도 자신들이 설교하는 것에 대하여 직접 경험하지 못했을 수도 있다.

나는 최근 기업의 최고 경영자의 리더십에 관한 책을 읽었다. 그 가운데 가장 인상적이었던 것은, 경영자가 성공하는 비결은 자신들의 '상품과 서비스'에 얼마만 한 열정을 지니는가에 달려 있다는 말이었다. 다른 어떤 곳보다 설교 강단에서는 더욱 그러하다. 여러분이 전하는 말씀이 하나님으로부터 흘러나온 진실된 말씀이라는 것을 여러분 스스로 확신할 때, 그리고 스스로 그 말씀대로 살아보고자 실제로 노력할 때, 그 말씀이 여러분의 삶에서 역사하신다는 것을 보게 될 때, 여러분이 나누고자 하는 이 중요한 말씀에 여러분이 사로잡혀 말씀을 전할 때, 다른 사람들 또한 긴장하고 주목하게 될 것이다.

한번은 평신도와 목회자가 함께 참여하는 회의에서 말할 기회가 있었다. 점심 후 평신도 둘이 와서는 한쪽으로 데리고 가더니 말하길, "우리 좀 도와 줄 수 있겠습니까? 우리 목사님은 좋은 분이세요. 그는 많은 재능을 가지고 있어요. 하지만 성격이 너무 둔해요. 어떤 일에도 도무지 감정을 표현하지 않아요. 목사님이 감정 표현에 둔하시기 때문에 예배

말씀을 해방시켜라

때마다 분위기가 착 가라앉아요. 모두들 힘들다고 해요. 목사님이 조금이라도 열정적으로 표현하실 수 있게 할 방법이 없을까요?" 하는 것이었다. 나는 이것이 많은 부분 목회자의 성격 문제라는 것을 알고 있다. 내가 살짝 웃으며 제시한 해결책은, 목사님께 가서 매주 설교하시기 전 에스프레소 커피를 몇 잔씩 마실 것을 권하라는 것이었다.

열정을 불러일으킨다는 것은 어려운 일이다. 그러나 불가능한 것도 아니다. 이것의 중요성을 이해하게 될 때 여러분은, 설교하는 순간이란 전투와 같으며 승리의 열쇠는 열정에 있다는 것을 알고 전투에 임하는 사람처럼 열정적으로 설교하게 될 것이다. 나는 12년 동안 부활의교회에 있으면서 간혹 주일날 몸이 아프거나 단순히 피곤할 때가 있었다. 열정의 자연스런 공급은 고갈 난 상태였다. 그러나 그러한 순간에도 나는 열정과 확신으로 메시지를 증거하기 위하여 남은 힘을 끌어모았다.

설교 구조

설교 틀에 대한 마지막 말이다. 설교학 교수들은 때때로 설교를 간단히 두 종류로 분류한다. 첫 번째 유형은 인간적 상황 또는 인간이 직면하고 있는 문제로부터 시작하여 그 문제에 대한 해결책을 위해 청중을 성서나 하나님의 가르침으로 이끄는 것이다. 이러한 유형은 우리가 가려워하는 부분에서 설교를 시작한다. 그 다음 성서를 끌어와 하나님의 해결, 도전, 적절한 말씀을 제시한다. 두 번째 유형은 성서 혹은 성서적 진리로부터 시작하여 그 진리를 우리의 매일의 삶에 적용하기 위해 노력한다. 나는 설교시 두 개의 모델을 모두 사용한다.

일반적으로 비종교적이고 명목상으로만 종교적인 사람들은 전자에 쉽게 끌린다. 부활의교회에 참여하는 많은 사람들은 자신들이 신자인지 잘 확신하지 못한다. 따라서 그들은 성경이 하나님의 영감으로 기록되었다는 것을 확고하게 믿지 않는다. 로마서 8장을 8주 동안 공부할 것이라고 공포하는 것은, 그들을 매료시키지 못한다. 그러나 비극, 어려움을 극복한 것, 견딜 만한 힘을 발견하는 것 – 이 모든 것은 로마서 8장에 기록되어 있는 것이다. – 에 대하여 살펴보고 하나님이 그것들을 통해 어떻게 역사하셨는지에 관한 설교를 할 것이라고 알려 주면, 교회에 잘 안 나오는 사람들도 자신이 당면한 물음과 문제에 대한 대답을 찾으려는 기대감으로 교회에 나오는 것을 볼 수 있다.

이는 설교의 구조가 그만큼 중요하다는 것을 말하고자 함이다. 설교를 어떻게 구조화 하는가는 훌륭한 내용을 끌어내는 것만큼 중요하다. 설교를 며칠에 걸쳐 작성할 때 생기는 이점 가운데 하나다. 설교의 구조가 적당한지를 생각할 만한 시간을 갖게 되기 때문이다. 사람들은 흔히 내가 노트 없이 설교하는 것처럼 보인다며 놀라워한다. 그렇게 할 수 있는 이유는 설교 구조가 머릿속에서 이해되고 논리적인 과정에 따라 자연스럽게 중요하거나 절정적인 결말로 이어지기 때문이다.

말씀을 해방시켜라

5장 설교와 예배에 비디오 사용하기

적절하게 사용하는 멀티미디어는 예배를 풍성하게 하는
강력한 도구이며 설교 전달 과정에 도움을 준다.

5장

설교와 예배에 비디오 사용하기

이 글을 읽는 사람들 중에는 설교나 예배를 돕기 위해 이미 비디오를 사용하고 있는 사람들도 있을 것이다. 몇 가지 아이디어를 나누고자 한다. 더불어 약간의 충고와 격려의 말을 하고자 한다. 독자 중 절반 가량은 이미 비디오를 예배에 도입하고 있을 것이라 생각한다. 그러한 사람들에겐 힘을 내라고 말하고 싶다.

예배와 설교에 멀티미디어를 사용하는 것이 대세인 것만은 분명하다. 멀티미디어는 예배 경험을 풍성하게 하는 강력한 도구가 될 수 있으며 설교 전달 과정에 도움이 된다. 오늘날 시대에서 미디어를 예배에 도입하지 않으려 하는 것과 비슷한 이야기가 있다. 최근에 라일 샬러(Lyle Schaller)는 하수구 시설이 마을에 설치되었을 때 실내 화장실을 교회 안에 만드는 것을 거부하였던 교회들에 대하여 이야기하였다. 그들은 하나님의 집에 화장실을 만드는 것을 신성 모독이라 생각하였기 때문에

말씀을 해방시켜라

바깥에 있는 화장실을 계속 이용하기로 하였다는 것이다.

교회 안에 실내 화장실을 만드는 것을 본질적인 문제라고 볼 수는 없다. 특히 그 공동체의 유일한 관심사가 실외 화장실에 익숙해 있는, 기존에 교회 안에 있는 사람들을 대상으로 사역하는 것이라면 더욱 그러하다. 근 10~15년 동안 작은 교회들은 실외 화장실을 사용하는 것에 아무 문제가 없었다. 그러나 결과적으로, 사람들을 초대하여 실외 화장실을 사용하도록 하는 것은 매우 시대착오적인 상황이 되었고, 교회는 이 문제를 진지하게 고민해야 할 때가 된 것이다. 실외 화장실을 사용하는 것은 동시대 사람들과 관계 맺기를 원치 않는 것이었다. 실외 화장실은 새로운 세대에게 다가가는 데 있어 장벽이었다. 나는 예배에 비디오를 사용하는 것도 이와 마찬가지라고 생각한다.

예배에 비디오를 도입하는 것

1990년에서 1998년까지 우리 교회는 간헐적으로만 예배에 비디오를 사용하였다. 큰 텔레비전을 통해 청지기에 관한 비디오를 보여 주었다. 우리는 그동안 비디오 없이도 급속도로 성장하였다. 나는 교회가 이 시대에, 예배에 비디오를 사용하지 않고도 사람들에게 성공적으로 다가갈 수 있다는 것을 확실히 믿는다. 그러나 내가 아는 사실은 우리가 드리는 예배와 특히 나의 설교가 비디오를 통해 훨씬 더 좋아졌다는 것이다. 비디오란 도구가 없었다면 연속 설교를 완벽하게 할 수 없었을 것이다.

대부분의 교회들은 비디오 장비를 설치할 수 있다. 좀 작은 교회에서는 한두 개의 큰 텔레비전을 사람들이 볼 수 있는 위치에 설치하고, 주위 불빛보다 영상을 밝게 함으로써 비디오 효과를 낼 수 있다. 또는 단선 철사와 VCR, 단선 스위치, 컴퓨터만 있으면 설교와 예배 때 비디오 수준의 도움을 받을 수 있다. 1만 달러 이하로 이 모든 것을 해결할 수 있다. 중고 장비를 쓰거나 누군가 컴퓨터와 VCR, 큰 화면 텔레비전을 기증하기만 한다면, 스위치와 케이블선만 사고도 시스템을 제작할 수 있다.(예배에 비디오를 도입하는 것과 그와 관련된 기술적 측면에 대한 정보를 얻고자 한다면, 부활의교회 리더십 세미나에 참석해 볼 것을 권한다. 우리 스태프들이 워크숍을 통해 예배에 비디오를 효과적으로 사용하는 방법을 잘 설명해 준다. 매년 개최되는 이 행사에 대해 더 알고자 한다면 www.cor.org 주소로 접속하면 된다.)

대부분의 교회는 내가 제시한 단순한 비디오 장치를 능가하는 시스템을 갖추고 있을 것이다. 부활의교회에는 비디오 사역을 지원하는 작은 방송국 스튜디오 같은 시스템이 있으며, 그것을 위한 스태프와 장비들에 상당한 투자를 해 왔다. 그것이 앞으로의 사역을 위해 매우 중요하다고 믿기 때문이다.

대부분의 교회들이 비디오를 예배에 도입하기 위한 장비 구입 기금을 모금하는 일은 문제가 아니다. 문제는 교회의 성도들이(몇몇은 분명히 불평할 것이다.) 이 새로운 매체를 수용하는 데 협조하도록 하는 것이며, 이 새로운 도구를 과용하려는 유혹을(예배에 비디오를 사용할 때 자주 발생하는 문제다.) 극복하는 데 있다. 잠시 이 두 문제에 대하여 살펴보자.

수용

처음 비디오를 도입할 당시, 부활의교회는 창립 후 8년이 되는 때였다. 교회 구성원들은 대부분 50대 미만이었다. 그럼에도 비디오 스크린을 사용하기 시작한 순간, 반대에 부딪혔다. 많은 수는 아니었지만, 그들의 목소리는 - 6개월 동안 수차례 - 매우 높았다. 두 가정은 교회를 떠났다(그 중 한 가정은 결국 돌아왔다.). 그들은 우리가 문화의 포로가 되었다고 불평하였다. '텔레비전을 보기 위해' 교회에 오긴 싫다는 것이었다. 그들은 집에서도 텔레비전을 통해 예배를 시청할 수 있다고 했다. 또 비디오가 얼마나 예배를 싸구려로 만드는가에 대하여 글을 썼다. 이러한 문제에 대하여 민감한 상태였기 때문에, 그 글을 읽는 것이 고통스러웠다. 그러나 우리는 계속적으로 교회 구성원들에게 비디오가 새로운 세대에게 접근하는 데 유용한 도구이며, 예배 경험을 얼마나 풍성하게 할 수 있는가에 대하여 설명하였다. 우리는 이를 처음 전기가 개발되어 교회에 소개되었을 때와 조명과 음향 시스템이 예배당에 설치되었을 때에 견주어 설명하였다. 우리는 비협조적인 사람들의 감정을 인정하였으며, 한 발짝 나아갈 때마다 구성원들의 지원을 요청하였다. 우리는 이 새로운 도구의 힘을 증명하기 위해 노력하였다. 그러나 아주 천천히 그리고 신중하게 나아갔다.

그 결과 비디오를 도입한 지 6개월이 지났을 때, 공휴일을 맞아 비디오팀을 주말에 쉬게 하자 교인들은 비디오를 보지 못하는 것에 대해 불평을 토로하였다. 현재 우리 교회의 어느 누구도 이 도구가 사역에 끼치는 중요성에 대하여 의문을 제기하지 않는다. 요점은, 미리 준비하라는 것이다. 혹 여러분이 비디오를 처음으로 교회에서 사용하기 전, 우리 교회의 이야기를 해야 할지도 모른다.

우리가 만든 비디오 가운데 교회의 나이든 세대에게, 비디오의 힘을 가장 강력하고 기억에 남도록 보여 주었던 경우가 어느 주일날 봉헌송 때 사용했을 때다.(그것은 3분 길이 분량이다. 설교에 쓰기에는 좀 길다.) 나는 그 당시 결혼에 관한 설교를 시리즈로 했는데, 이를 위해 교인 가운데 50년 이상 함께 살아온 부부들을 인터뷰하기로 결정했다. 우리는 그들에게 교회의 젊은 사람들에게 반세기 이상 함께 부부 생활을 지속하기 위해 필요한 것이 무엇인지 가르쳐 줄 것을 부탁했다. 그 비디오는 예술적으로 편집되었다. 여섯 커플이 결혼에 관한 감동적인 충고를 제안하고 유머러스한 이야기를 나누는 모습을 제작하였다. 그 자리에 비디오의 가치를 알지 못했던 옛 교우가 있었다면, 비디오 스크린에 나타난 자신의 친구들을 보았을 것이고, 비디오가 전체 회중에게 끼친 영향을 바라보며 반대했던 마음을 달리했을 것이다.

나는 앞에서 두 가지를 염려하며 말했다. 두 번째 염려가 예배에 비디오를 과용하려는 유혹에 대한 것이다. 화제를 바꾸어 이것에 대하여 말하겠다. 이 두 번째 염려에 대한 이야기는 이미 교회에서 비디오를 사용하는 사람들뿐 아니라 이제 막 사용하려고 준비하는 사람 모두에게 해당된다.

통제

1980년대 중반, 애플컴퓨터사가 처음으로 포스트스크립 레이저 프린터를 대형 매장에 보급했다. 그 결과 (당시에는 알려지지 않았던) 수많은 글꼴을 프린터에 사용할 수 있게 되었다. 갑작스럽게 개인 컴퓨터 출판업이 다량의 출판을 할 수 있게 되었다. 나는 그 당시를 정확히 기억한다. 모든 사람들이 각 장마다 40개의 다양한 글꼴을 사용하여 자신만의 소식지를 만들었다. 그래픽 아티스트들은 말없이 지켜볼 뿐이었다. 우리 초보자들은 문서 여백의 중요성과 문서는 일반적으로 두 개 또는 많아야 세 개의 글꼴을 사용하도록 고정되어 있다는 문서 법칙에 대해 몰랐다. 우리는, 신문 제작자들이 수백 개의 글꼴이 있음에도 불구하고, 좀 더 보수적인 소량의 인쇄 스타일을 고집하는 것에 대한 이유를 몰랐다.

지금 비디오가 대중에게 유포된 것과 똑같은 경우다. 나는 비디오가 예배 행위의 중심을 차지하는 듯 보이는 한 교회에서 예배를 드린 적이 있다. 나는 문서로 완벽하게 작성한 듯한 설교를 들었다. 그 목회자는 교회 안에 있는 어떤 비디오 영상을 사용하길 원했던 것이다. 비디오는 앞서 말한 소식지의 글꼴들처럼, 때로 '없는 것만 못했다.'

부활의교회에서는 비디오를 강단 중앙에 설치하지 않고 양 옆쪽에 설치한다. 스크린을 그렇게 설치하는 이유는 비디오가 예배의 중심이 아니라는 것을 말하고자 함이다. 예배당 크기 때문에 우리는 'IMAG' - 이미지 확장 - 라고 알려진 것을 사용한다. 그것은 예배 실황을 곧바로 스크린에 중계해 준다. 이것을 통해 예배당 뒤쪽에 앉아 있는 회중은 세

설교와 예배에 비디오 사용하기

례받는 사람의 얼굴을 일일이 볼 수 있다. 또한 설교하는 내 얼굴 표정도 볼 수 있다. 이처럼 비디오 스크린을 통해 '행위'에 더 가까이 다가갈 수 있는 것이다. 대형 예배당에서는 이것 자체가 서로 간에 소통하고 설교하는 데 큰 도움이 된다.

예배 시작 전, 우리는 교회에서 앞으로 할 행사들을 광고하는 스크린을 슬라이드로 보여 준다. 예배 시작 얼마 전에는 행사 가운데 하나를 골라 짧은 비디오 필름으로 보여 주기도 한다.(주의할 점: 한 주에 1개 이상의 비디오 필름을 보여 주지 않도록 한다. 그렇게 하면 효과를 상실하게 된다.) 예배 바로 전에는, '부활의교회에 오신 것을 환영합니다!'라는 슬라이드가 뜬다.

우리는 각 설교 시리즈의 배경 그래픽을 직접 디자인한다. 종종 설교를 통해 강조하는, 성경 장면에 대한 고전적 예술 작품을 사용하여 예술과 예배를 통합시키기도 한다. 우리는 예배 상황을 비추는 세 개의 카메라를 설치하였다. 스태프 가운데 한 명은 스크린에 나타나는 장면을 조정하기 위해 통제실을 지킨다. 이로 인해, 뒤에 앉아 예배드리는 사람들이 'IMAG'를 통해 더 즐겁게 예배를 드릴 수 있다. 여러분이 'IMAG'를 사용할 계획이라면, 적어도 두 대의 카메라가 있어야 한다. 그러나 3~4대 정도를 구비하는 것이 가장 알맞다.

예배 진행자들의 모습은 거의 예배 내내 스크린에 등장한다. 그러나 찬양이 시작되면, 찬송가 가사가 스크린에 비춰진다. 의자마다 찬송가가 있지만, 요즘은 거의 사용하지 않는다. 대부분의 사람들이 아래에 있는 찬송가를 보기보다는 위를 바라보며 찬양하길 더 좋아한다. 그로

말씀을 해방시켜라

인해 회중이 찬양을 더욱 잘하게 되었다.(주의할 점: 찬양을 스크린에 띄울 때에는, 다음 소절을 지금 부르고 있는 소절이 끝나기 전에 이어서 올려 주어야 한다. 찬양을 할 때 다음에 이어 부를 내용에 대해 몇 단어밖에 기억하지 못하기 때문에, 스크린에 이어서 나오지 않으면 제대로 따라 부르기가 어렵다.)

어쨌든, 우리 부활의교회에서 비디오를 사용하는 것에 대해 말한 내용은 매우 간단한 것들이다. 성도들은 그들이 원하기만 하면 비디오 스크린을 무시할 수 있다. 스크린은 도움을 주는 것일 뿐, 우리가 추구하고자 하는 핵심은 아니다.

이러한 목회 철학은 설교에 있어서도 마찬가지다. 개인적으로 나는 설교할 때, 성도들이 비디오 스크린이 아닌 나와 직접 눈을 마주치는 것을 좋아한다. 성도들이 교회 주보에 기재된 설교 요약본을 가지고는 있지만, 우리는 설교 시간에 파워포인트 같은 것을 이용하지 않는다. 많은 의견들을 종합한 결과, 설교할 때 파워포인트를 사용하면 오히려 말씀의 질을 떨어뜨린다는 사실을 알게 되었다. 어느 발표회에 참석한 적이 있는데, 그곳에서 어떤 사람이 자신의 철학을 말하길, "나는 휴대용 컴퓨터와 비디오에 대해선 모든 것을 알고 있다. 그러나 내가 원할 때 그것을 사용한다." 이것을 달리 표현하면, "내가 할 수 있다고 해서 해야 된다는 것은 아니다." 다시 말해, "부족한 게 나을 때가 있다."는 것이다.

이러한 이유로, 우리 교회는 설교에서 강조하고자 하는 어떤 요점을 비디오 스크린에 올리지 않는다. 성서 본문을 많이 이용하게 될 때는 본문 말씀을 스크린에 올려서 사람들이 나와 함께 읽을 수 있도록 한다.

설교와 예배에 비디오 사용하기

이렇게 하면 성서의 힘을 강화시킬 수 있으며 교회에 성경책을 가져오지 않은 사람들이나 성경 구절이 어디에 있는지 잘 몰라서 빨리 찾지 못하는 사람들에게 도움을 줄 수 있다.

이제 다양한 설교를 하면서 비디오를 사용한 다른 사례에 대해 살펴보겠다.

비디오의 다른 용도

이미 말한 바와 같이 2002년 바울 서신을 공부할 때, 매주 설교는 우리가 초점을 맞추고 있는 특정 서신과 관련한 역사적 배경에 대해 간략히 언급하면서 시작되었다. 나는 바울이 교회를 세우며 다닌 선교 여행에 대한 지도를 스크린에 불러냈다. 다음에는 그 도시의 위치를 더 가까이 보기 위해 확대하였다. 나는 곧바로, 지금은 파괴되었지만 그 옛날 바울이 편지를 보냈던 도시를 방문하면서 찍었던 필름을 편집한 후 그것을 파일에서 불러냈다. 그 중에서 가장 강렬했던 장면은 빌립보에 대한 것이었다. 전설에 따르면 바울과 실라가 벌거벗겨져서 채찍질당한 후에 갇혔던 감옥을 볼 수 있었다. 이러한 장소를 실제로 보여 주는 것은 강력한 이미지를 선사한다. 그것으로 인해 이야기는 생동감 있고 구체적으로 다가가게 된다. 바울에 대한 많은 설교 가운데서, 설교를 시작하면서 비디오와 그래픽을 이용했던 것은 유일하게 그때뿐이었다. 그러나 그것은 강력한 보조 역할을 하였으며 예배 참가자들이 그 이야기를 이해하는 데 실제적인 도움을 주었다.

말씀을 해방시켜라

좀 더 강도 있게 비디오를 사용하였던 경우는 사랑, 결혼, 섹스에 관한 설교를 시리즈로 했을 때다. 이 주제에 대한 설교를 준비하면서, 나는 20시간 동안 교회 안의 다양한 부부들과 함께 그들의 결혼 생활에 대하여 인터뷰하였다. 그리고 이 인터뷰에 기초하여 비디오팀에게, 이 부부들과 내가 인터뷰하면서 했던 질문을 토대로 다시 한 번 인터뷰해 줄 것을 부탁하였다. 이 인터뷰 내용들은 주제에 관하여 아홉 번의 설교를 할 때마다 사용되었다. 나는 종종 설교에서 각기 다른 주제들에 대해 두 건의 인터뷰를 이용했다. 이 비디오가 지닌 힘은, 이 부부들이 교회 회중 안에 실제 존재하는 사람들이며 그들이 자신들의 생생한 삶을 이야기했다는 데 있었다. 그들의 이야기는 내가 의도한 요점을 설명해 주기도 하고 또는 그곳으로 이끌어 주기도 했다. 어떤 이야기는 유머러스하기도 하고 신중하기도 했다. 그러나 모두 강력한 이야기들이었다. 비슷한 내용으로 5년 전에 시리즈 설교를 했을 때는, 그 당시만 해도 비디오가 없었기 때문에 부부들과의 인터뷰를 인용만 했다. 이번에는, 비디오의 도움으로, 설교가 훨씬 더 강력한 결과를 드러냈다.

비디오를 사용함으로써 좀 더 흥미로웠던 일 가운데 하나는, 2001년 '복음과 오늘의 뉴스를 만드는 이야기들'이란 주제로 시리즈 설교를 했을 때였다. 이 시리즈 설교를 할 때, 우리는 캔자스시에 있는 지방 ABC 방송국과 합작하였다.(그것은 앞으로 할 설교 시리즈를 알리기 위해 부활절에 보여 준 것이다). 이 시리즈 설교는 매주 지방 방송국의 앵커가 뉴스 데스크에서 그 주에 방영했던 이야기를 보도함으로써 시작하였다. 그리고 그들은 다음과 같이 말하면서 뉴스를 마쳤다. "자, 이제 당신 차례입니다. 존경하는 해밀턴 목사님, 이 이야기와 복음의 관련성에 대하여 오늘 새로운 뉴스를 듣기를 기대하겠습니다." 이 시리즈 설교들을 할 때 이 부분에서만 비디오가 사용되었다. 그것을 기반으로 전체 설교의 요점으로 들어가서는 그것에 대한 신학적이고 윤리적인 면들과 그 일들에 대해 기독교인이 할 수 있는 반응에 대해 살펴보았다.(10장에서 이 시리즈 내용에 대해 좀 더 자세히 다루겠다.)

이 밖에도 설교에 비디오를 사용하였던 사례는 아주 많다. 다음 장에서 그 사례의 일부분을 접하게 될 것이다. 이 이야기들을 통해 비디오라는 강력한 매체를 어떻게 이용할 것인가에 대하여 창조적으로 생각하게 되길 바란다. 이 장을 마무리하기 전에, 도움이 될 만한 몇 가지 묘책과 힌트를 제공하겠다.

– 광고용 필름 클립을 사용하고자 한다면, Motion Picture Licensing Corporation(MPLC) Licence를 사야 한다. 1-800-462-8855로 전화하면 이용할 수 있으며 웹사이트 www.mplc.com으로 가면 이용할 수 있다.
– 필름 클립을 사용할 때, 우리는 R-등급(성인용) 필름은 사용하지 않는다. 원하는 좋은 필름을 사용하지 못한다 하더라도, 이것을 원칙으로 삼는다. 우리는 불필요한 섹스, 폭력 장면을 담고 있는 필름에 대해선 지원할 의사가 없으며, PG-등급(가정용)의 필름 생산에는 협조적이다. 하나의 필름을 비디오 클립으로 사용한다는 것은 교회가 그 필름을 무언으로 지원하고 있다는 것이다.
– 필름 클립을 사용하려 할 때, 우리가 거의 하지 않는 것이 있다. 수준 이

하의 설교를 보강하기 위하여 강력한 필름 클립을 사용하는 것은 신중히 고려해야 한다. 좋은 설교를 개발하는 것이 일차적 목적이며, 필름 클립을 통해서는 적절한 도움을 받을 뿐이다.

- 설교 중간에 사용하는 비디오 클립은 관례상 대개 1분 30초에서 2분 사이를 넘지 않는다. 우리가 사용하는 비디오 클립은 1분을 넘지 않는다. 그것은 비디오 인터뷰를 축소 편집하기 위해 더 많은 시간이 요구된다는 것을 의미한다. 다시 한 번 강조하면, 과하면 없느니만 못한 것이다. 30분 기준의 설교를 한다면, 비디오는 길어야 3분이어야 한다. 설교의 10%는 비디오 클립에 소요한다. 예외가 있을 수 있다. 그러나 일반적으로는, 하나의 비디오 클립에 3분도 아주 많은 것이다.

- 스크린에 어떤 이미지를 올릴 것인가를 선택할 때는 매우 신중해야 한다. 우리 교회는 모든 예배에 아이들이 참여한다. 사용하는 이미지들이 너무 강하거나, 깜짝 놀랄 만큼 충격적이어서 아이들에게 부적절하지 않도록 신중해야 한다.

- 때때로 눈으로 보여지는 이야기보다 입으로 말하는 이야기가 훨씬 강력할 때가 있다. 재미있게 읽었던 책이 영화화되었을 때 실망스런 경우가 많다. 이것은 우리가 책을 읽을 때 상상력을 동원하여 등장인물들과 사건의 전개를 바라보기 때문이다. 예화에 있어서도 마찬가지다. 가끔씩은, 다른 누군가의 이야기를 듣는 것이 자신들의 이야기를 말하는 인터뷰 내용보다 훨씬 강력할 때가 있다.

- 간증을 할 때 비디오가 굉장히 유용하다. 우리는 이것을 테이프에 즐겨 담는다. 그렇게 하면 시간을 조절할 수 있고 불필요한 요소들을 편집할 수

설교와 예배에 비디오 사용하기

있다. 만일 청지기 캠페인에 대한 간증을 할 때 비디오를 사용한다면, 굉장한 효과를 볼 수 있을 것이다.

– 비디오에 음악을 사용하는 일은 매우 중요하다. 일정한 길이와 색채를 띤 필름에서 음악적 요소를 제거하면, 비디오가 전하는 파워는 놀라우리만큼 감소한다. 특별한 비디오 클립에는 배경 음악이 필요 없을 수도 있지만, 많은 면에서는 음악 효과가 주는 이점이 크다.

– 예배당에 비디오를 설치하려 할 때 성가대를 잊어선 안 된다. 그들도 비디오를 듣거나 볼 필요가 있다.

요즈음 등장하기 시작한 하나의 생각은 설교 전체를 전부 비디오로 방송해야 한다는 것이다. 미국 전역에는, 실제로 예배나 설교를 라디오나 TV를 통해 다양한 지역에 동시 생중계하는 교회들이 몇몇 있다. 몇몇 교회의 목회자들은 우리 교회의 설교 비디오를 구입하여 주일 날 아침에 사용하기도 하였다. 이 교회들은 목회자 없이 자체적으로 평신도 예배 지도자들과 성가대 프로그램으로 구성된 작은 교회들이다. 비디오를 통하여, 그들은 자신들의 선택에 따라 고품질의 그래픽과 내용이 담긴 설교 시리즈를 제공받을 수 있었다. 라일 샬러(Lyle Schaller)와 그 밖의 사람들은 작은 교회들이 매주 비디오로 설교를 방송하기 위해, 많은 설교가 가운데서 가장 영향력 있는 설교가와 그들의 설교나 연구 시리즈를 선택하는 것이 대세가 될 것이라고 주장하였다.

부활의교회의 웹사이트에서도 비디오는 효과적으로 사용된다: 우리는 수요일이나 목요일쯤에 그 전 주의 설교를 웹사이트에 올려놓는다.

말씀을 해방시켜라

우리는 밤낮에 관계 없이 설교를 시청한 전세계 사람들로부터 메일이나 전화를 받는다. 설교를 들은 회중 가운데 한 명이 자신이 들은 설교 내용이 교회에 나오지 않거나 나올 수 없는 자신의 친구에게 적합하다고 느꼈다면, 그는 이메일을 통해 웹사이트의 주소를 링크함으로써 자신의 친구가 집에서 시간에 관계 없이 설교를 보도록 인도할 수 있을 것이다.

마지막으로, 우리는 예배당이 꽉 차서 더 이상 들어올 수 없게 되었을 때 그 사람들을 위한 방을 마련하여 유선회로 비디오를 설치할 수 있었던 것이 기뻤다. 지난 크리스마스 이브에, 우리 교회에서 행한 일곱 번의 촛불 예배에 만 삼천 명이 넘는 사람이 참여하였다. 그러나 우리 예배당은 일곱 차례 예배를 드릴 때 만 천 명만을 수용할 수 있다. 2천 명의 사람들은 본당 입구에 설치한 비디오와 여분의 방에 마련한 두 번째 비디오를 보며 예배드렸다. 우리는 각 방마다 찬양 인도자와 헌금위원, 안내자들을 배치하였다. 그리고 예복 입은 목회자들이 그 방에 있는 사람들과 만남의 시간을 가졌다. 비디오의 도움이 없었다면 우리는 수많은 사람들을 돌려보냈을 것이고, 그들은 두 번 다시 오지 않았을 것이다. 지금 사용하는 교회 예배당을 짓기 전에, 우리는 유선 비디오를 각 방에 설치하여 네 달 동안 예배를 드렸다. 가장 헌신적인 사람들에게 비디오실에서 예배드릴 것을 부탁하였다(우리는 레몬에이드, 고급 커피, 쿠키, 가죽 성경 등을 그 가족들에게 선물로 주었다.). 방문객들에게 자리를 비워주기 위해 4백 명 이상이 이 부탁을 받아들였다.

예배에서 비디오를 사용하기 위해선, 예배의 경험을 질적으로 향상

설교와 예배에 비디오 사용하기

시키기 위해 함께 연합해서 일할 자원 봉사자나 스태프를 구성하는 일이 중요하다. 이제 우리의 관심을 예배 기획팀에게로 옮겨 보자.

말씀을 해방시켜라

예배 기획팀

예배 기획팀은 목회자와 교회를 위한 예배 기획의 발전소 역할을 한다.
이들이 예배를 향상시키고자 노력할 때, 예배는 끊임없이 변화한다.

6장

·

예배 기획팀

　이미 여러 차례, 우리 교회의 예배 기획팀에 대하여 말하였다. 지금이 그들이 하는 일에 대해 말하기 적당한 때인듯 하다. 명심해야 할 것은, 사례를 받고 일하는 스태프로 구성된 우리 교회 예배팀이 월요일 아침에 하는 일은 여러분이 일과 후 하룻저녁 모여서 자원 봉사로 하는 일과 똑같다는 점이다. 이 장의 가치를 과소평가하면 여러분의 예배 기획팀을 정확하게 구성하거나 사이즈를 정하는 데 있어 어려움을 겪게 될 것이다. 반면 팀을 이루어 함께 일한다는 생각은, 예배의 경험을 질적인 면에서 전반적으로 향상시키는 데 도움이 될 것이다.

　이것을 염두에 두고, 부활의교회에서 진행하는 일상적인 예배 기획팀 모임 과정에 대해서 살펴보자.

월요일 오전 10시, 테이블에 둘러앉은 사람들을 내 왼쪽부터 소개하면, 음악과 축제 예술 목회자로, 그는 교회의 음악 사역을 관리한다. 다음은 예배와 돌봄 사역에 대한 행정 담당자로, 수석 부목사다. 방에 있는 대부분의 팀을 직접 관리하며 조정한다. 그 다음은 돌봄 사역을 하는 목사들로 세 명의 목사가 있으며, 이들 모두 이 모임에 참여한다. 매주 그들은 목회 기도문을 써서 제출하며, 그 기도문은 이 모임에서 그 주 예배의 초점이 무엇인지 나눈 것을 근거로 작성된다. 다음은 담임 목사의 행정 비서로, 나를 도와 이 모임에 대하여 기록하고, 컴퓨터에 입력하며, 모임에서 얻은 정보에 근거하여 나를 위한 자료를 수집해 준다. 다음은 비디오 제작 감독자로, 비디오 사역을 이끈다. 그 다음 사람은 비디오 제작의 보조 감독자. 설교를 돕기 위해 필요한 자료를 만들어 내는 데 초점을 둔다. 다음은 열린 예배(Contemporary Worship) 감독자이자 열린 예배 음악 리더다. 설교 주제에 맞추어 예배를 위한 음악을 선별한다. 다음은 실무 스태프를 행정적으로 보조하는 이로, 행정 책임자를 대신해 세부 사항을 조정하고 정리한다. 마지막으로 예배 사역 담당자. 그는 예배당, 배너, 시각적 외형에 책임을 지고 헌금위원과 성찬식을 감독한다. 예배와 관련한 세부 사항을 통괄한다.

우리는 모임을 시작하며 한 주간에 있었던 슬펐던 일과 기뻤던 일을 간단하게 나눈다. 그리고 기도로 모임을 열면서 성령이 우리의 모임을 인도해 주시고 예배 준비를 이끌어 주시도록 간구한다. 그 다음 약 15분 동안 지난 주말 예배에서 잘 진행된 부분과 개선할 필요가 있었던 부분에 대해 의견을 나눈다. 우리의 목표는 끊임없이 예배를 개선시키는 것이다. 매주 예배에는 조정하고 보완할 부분들이 있다. 그리고 나서 다가올 예배에 대하여 이야기한다. 다른 부서들에게 이러한 정보를 미리 알려 주기 위해, 이 주에는 크리스마스 이브의 촛불 예배에 대한 계획을 논의할 것이다.(우리의 목표는 이러한 결정들을 네 달 전에 미리 해 놓는 것이다.) 시리즈로 하게 될 앞으로의 설교들을 검토하고, 몇 주 후에 특별히 해야 할 것들에 대하여 검토한다. 또 금주 주말 예배 때 사용할 비디오나 특별 광고에 대하여 이야기한다.

마지막으로 우리는 금주의 설교에 대한 논의를 시작한다. 나는 설교의 기본 틀과 이 시점에서(몇 달 전 미리 짜 놓은 계획에 근거하여) 중요하다고 생각하는 것에 대하여 간단히 설명한다. 나는 스태프들에게 그들의 아이디어와 정보를 요청한다. 이 요점을 어떻게 설명할 것인가? 이 이슈와 관련해 어떤 경험을 했는가? 이러한 논의를 하다 보면 때로 매우 좋은 결실을 얻게 되며, 설교를 준비할 때 엄청난 생각을 제공해 준다. 별 소득이 없을 때도 있지만, 그것은 상관없다.

주말에 있을 여섯 번의 예배들에 대한 기획안이 나눠진다. 거기에는 특별 음악과 선별한 찬송가, 경배 찬양곡과 더불어 예배 때 행할 특별한 이벤트가 나타나 있다. 음악 부서가 이 기획안을 구성하지만, 먼저 모였던 예배팀 모임에서 비디오, 성경 구절, 세례, 또는 주말 예배의 다른 일들에 대해 연구하며 얻은 정보들이 담겨 있다. 찬송가는 몇 달 전 예배 기획팀이 건네받은 설교 요약본에 근거해 정해진다. 이 모임에서 간혹 찬송가를 바꾸거나 그날 설교에 대해 논의한 것에 근거해 다른 찬송가를 제시하기도 한다.

　우리는 11시 30분이나 12시에 해산하며, 각 팀의 구성원들은 스태프와 자원 봉사자와 함께 주말 예배를 준비하기 위해 일하기 시작한다. 그 주 내내 나는 몇 번 더 비디오팀을 만나야 한다. 그들에게 설교에 포함시킬 사진이나 성경 구절을 이메일로 전송한다. 우리는 비디오에 대한 아이디어를 위해 이야기를 계속 주고받는다. 그들이 설교에 쓸 비디오나 편집 필름 클립을 제작하면 최종 승인을 얻기 위해 목요일 전까지 나에게 가져와야 한다. 많은 경우 금요일에도 그들에게서 설교에 첨가할 정보를 입수한다. 물론 바람직한 상황은 아니다. 그러나 현실이 그러하다. 그들은 시간이 넉넉할 때 정보나 그래픽을 컴퓨터 시스템에 입력하는 일을 훨씬 더 잘한다. 그러나 그들은 일이 되도록 무엇이든지 할 수 있는 경이로운 팀이다. 성경과 찬송을 입력하는 사람들은 대부분 자원 봉사자들이다. 이 사역을 돕기 위해 수많은 시간을 헌신하는 이들은 진정 칭찬할 만한 사람들이다.

　주말 예배를 드리는 동안에도 우리는 끊임없이 수정하고 보완한다. 설교 시작 때 보여 주기로 한 비디오가 사실상 마지막에 보여 주는 것이 더 낫다고 판단되거나 또는 도무지 필요 없을 것 같이 판단될 수도 있다. 찬송가의 한 절을 뺄 필요가 있다거나, 다른 것을 첨가해야 할 필요가 생길 수도 있다. 물론 가능한 한 변화를 주지 않기 위해 노력한다. 그러나 수정하고 보완하는 일들은 거의 주말마다 발생한다. 그때마다 팀원들과 자원 봉사자들은 유연하게 대처하며 기꺼이 따라온다.

　스태프가 없는 작은 교회에서는 무엇으로 예배 기획팀을 대치할 수 있을까? 이 장의 첫머리에서 언급한 것처럼, 진정으로 존경받는 평신도들에게 예배팀을 맡기는 것이 충분히 가능하다. 한 사람은 배너와 제단 길드를 바꾸는 일에 역점을 두고, 또 다른 사람은 성가대나 찬양 밴드를 맡으며, 또 다른 사람은 – 되도록 젊은 사람으로 – 컴퓨터로 비디오 편집을 하게 하고, 이런 일을 도울 만한 자원 봉사팀을 구성하면 된다. 팀원 중에 영화에 대해 잘 아는 사람이 있을 것이다. 그리고 그 사람에게는 설교를 뒷받침해 줄 영화 장면들로 가득한 아이디어를 갖고 있는 친구들이 있을 수도 있다. 결론적으로, 이런 사람들에게 필름 클립 제작을 맡기면 된다. 도서관 사서나 인터넷 검색하는 것을 좋아하는 사람이 있다면 자발적으로 설교에 대한 자료를 구해 줄 것이다. 이 팀은 여러분과 교회를 위한 예배 기획의 발전소가 될 수 있다. 그들 중 누구도 봉급을 받지 않는다. 그리고 여러분의 교회가 성장하게 되었을 때, 이 사람들을 고용하여 이 일들을 맡기면 될 것이다.

예배 기획팀에 대해 마지막으로 한 마디 하겠다. 내가 이야기한 것들은 2002년 말에 우리가 하고 있었던 것들을 묘사한 것이다. 추측컨대 예배 기획팀이 예배를 향상시키고자 노력할 때, 예배는 끊임없이 변화하게 된다.

말씀을 해방시켜라

7장 '고기잡이 탐험' 설교

예수님이 첫 제자들을 '사람을 낚는 어부'로 부르신 사건에서 착안한
'고기잡이 탐험' 설교는 말씀의 그물을 던져 사람들을 예배의 자리로 인도한다.

7장

•

'고기잡이 탐험' 설교

1장에서 내 설교의 다섯 가지 목표는 전도, 제자 훈련, 목회적 돌봄, 온전케 함과 파송, 제도적 개발임을 말한 바 있다. 이러한 목표들 가운데 두세 가지 정도는 단편 설교를 통해 만족시킬 수 있다. 그러나 계획된 설교 시리즈들은 이 다섯 가지 목표를 모두 만족시킬 수 있다. 물론 일 년 분량의 설교 계획 속에서, 어느 특정 시리즈는 이 목표 중 어느 한두 가지에 치중할 수 있다. 어느 특별 설교 시리즈는 처음부터 성도들에게 그들의 친구들을 교회에 초청하도록 한 후, 교회에 다니지 않는 새로운 사람들을 겨냥한다. 또 다른 시리즈는 이미 신앙생활을 해 온 사람들의 신앙심을 깊어지게 하려는 데 초점을 두기도 한다.

나의 희망은 복음적 설교를 통해 그리스도께 헌신하는 회중의 믿음을 깊게 하는 것이다. 그리고 그들에게 도움이 될 만한 무언가를 제공하는 것이다. 나의 바람은, 성도들의 신앙심을 깊게 하는 데 목표를 둔 설교들이 비기독교인들에게도 호감이 가게 하는 것이다. 그럼에도 각 설교 시리즈들 간에는 서로 다른 강조점들이 있다.

다음에 열거하는 다섯 가지 주제에서 이러한 각각의 목표에 대해 살펴보고 그와 똑같은 목표에 접근하고자 하는 여러분의 바람을 고무시켜 줄 설교 유형의 구체적인 예를 제시하겠다. 그럼 복음적 설교 시리즈와 복음적 설교에 대하여 생각해 보자.

전도

부활의교회 성장 배경에는 크리스마스 이브의 촛불 예배와 이날 우리가 광고한 크리스마스 후에 선포할 설교 시리즈의 영향이 크다. 크리스마스 이브 촛불 예배는 일 년 중 가장 강력하고 감동적인 예배 가운데 하나다. 교회에 다니지 않던 사람들도 초청을 받으면 기꺼이 예배에 나온다. 오랫동안 교회에 다니지 않았던 사람이라 하더라도 크리스마스 이브를 통해 크리스마스의 의미를 되새기를 원한다. 그들에게 자녀가 있을 때에는, 아이들과 함께 촛불 예배를 경험하길 원한다. 왜냐하면 미국 성인들 대부분은 지금은 비록 교회에 다니고 있지 않지만, 유년기에 한 번쯤은 크리스마스 촛불 예배를 경험한 추억을 가지고 있기 때문이다. 우리는 지역에 사는 사람들을 크리스마스 이브 촛불 예배에 초대하기 위해 각 집으로 우편을 보낸다. 그리고 성도들에게 아름다운 컬러 우편엽서와 초청장을 나누어 주어 그것을 이용해 그들의 친구들을 초청하게 한다.

크리스마스 이브가 되면, 보통 가을에 평균적으로 나오던 인원의 두 배 가까운 사람들이 모여 예배를 드린다. 우리는 12월 23일에 첫 촛불 예배를 드린다. 그리고 12월 24일 예배에 참석할 방문객들을 위한 공간을 마련하기 위해, 기존의 성도들에겐 크리스마스 이브 전날 밤에 예배를 드리도록 권한다. 2002년 12월 23일 월요일 저녁 예배에는 교회 역사상 두 번째로 많은 사람들이 예배를 드렸다. 온 교회가 꽉 찼다. 이 예배를 기대하는 많은 사람들이 자발적으로 교회를 찾아왔다. 24일에는 오후 3시부터 6차례의 예배를 드린다.(촛불 예배를 위해 예배당 창문을 검은색 천으로 가린다.) 오후 3시와 5시 예배는 어린 자녀들을 동반한 사람들이 드리도록 광고하고, 대개 이때도 교회당이 꽉 찬다.

우리는 이 예배들이 가능한 질적으로 최고의 예배가 되도록 노력한다. 훌륭한 음악을 준비하고, 25분 동안의 설교를 통해 교회에 다니지 않는 사람들에게 크리스마스가 왜 필요하며 무슨 의미가 있는지를 분명하게 전달하고자 노력한다. 이 예배의 처음과 끝에 잠깐씩 틈을 내어 앞으로 1월 둘째 주부터 하게 될 설교 시리즈에 대하여 광고한다.(사람들이 대부분 크리스마스부터 1월 첫 주까지는 마을을 떠나 있는 경우가 많다.) 우리는 대개 1월에 할 설교 시리즈에 대하여 짧은 비디오 필름을 보여 준다. 또한 앞으로 할 설교를 알리기 위해 우편엽서를 준비한다. 이들이 설교 시리즈에 흥미를 보인다면, 1월 예배에 참석하는 인원수가 전년에 비해 상당히 증가하는 것을 보게 될 것이다.

우리는 이 1월의 설교 시리즈를 '고기잡이 탐험' 설교라고 부른다. 이는 예수님이 첫 제자들을 불러 '사람을 낚는 어부'로 부르셨던 것에서 유래한 것이다. 우리의 목표는 크리스마스 이브라는 그물을 던져 비종교적이고 명목상으로만 종교적인 수많은 사람들을 예배의 자리로 이끄는 것이며, 그들이 연휴 후에 예배에 다시 나오게끔 격려하는 것이다. 이제 '고기잡이 탐험' 설교 시리즈 네 편을 소개하겠다.

가장 자주 듣는 질문들

1996년 크리스마스 이브 예배에서, 우리는 참석자 전원에게 설문지를 나누어 주고 목사나 교회와 관련하여 그들이 진짜 원하는 것이 무엇이며, 자신이나 그들의 친구 또는 그들이 사랑하는 누군가를 신앙으로부터 멀어지게 하는 것이 무엇인지에 대해 물었다. 그날 밤 1,400개의 질문이 쏟아져 나왔다. 우리는 1월 둘째 주부터, 가장 많이 나온 8개의 질문에 대하여 다루게 될 것임을 선포하였다. 그리고 그날 참석한 사람들에게 설교 시리즈의 8가지 주제를 알려 주었다. 그 결과 1월 예배 참석자 수가 지난 달보다 평균 40퍼센트나 증가하였다.

우리는 사람들이 물어온 질문들에 대하여 어느 정도 짐작할 수 있었다. 그러나 거기에서 멈추지 않고 그들을 초청하여 질문에 대하여 생각하게 함으로써, 이 설교 시리즈를 그들에게 심어 주거나 그들 자신의 것이 되도록 만들어 준 것이다. 이 설교 시리즈에서 언급한 주제와 질문 몇 가지를 소개하겠다.

· 왜 선한 사람들에게 나쁜 일이 생기는가?

· 왜 내 기도는 응답되지 않는가?

· 성경의 기적을 현대 과학과 어떻게 조화시킬 것인가?

· 기독교가 유일한 진리인가?

· 위선적인 기독교인, 세속적인 설교가들, 제도화된 종교를 어떻게 바라볼 것인가?

이 설교 시리즈의 각각의 메시지들은 어느 정도 기독교를 변호하는 기회가 되었다. 그리고 그것을 통해 오랫동안 교회에 나오지 않았던 기독교인들에게 '그들의 신앙을 점검해 주는' 기회를 제공하였다. 우리 교회 성도들은 교회에 다니지 않는 자신들의 친구와 가족들의 신앙적 질문에 어떻게 대답해야 할지를 고민하였다. 물론, 이러한 질문들은 교회에 다니지 않는 사람들뿐 아니라 교회에 다니는 수많은 사람들의 마음을 힘들게 한다. 그러나 교회에 다니지 않는 사람들은 그들의 질문에 대하여 진지하게 고민하는 한 목사로부터 이야기를 들을 기회를 얻은 것이다.

이 시리즈의 마지막 설교에서 나는 회중에게 이렇게 말했다. "지난 몇 주 동안 여러분이 신앙에 대하여 질문한 것 가운데 가장 어려운 주제들을 골라 대답하였습니다. 이제는 내가 여러분들에게 묻겠습니다. 내가 여러분의 질문을 회피하지 않았던 것처럼, 여러분도 나의 질문을 회피하지 않기를 바랍니다. 이것은 예수님이 당신을 따르던 사람들에게 하셨던 질문입니다. '너는 나를 누구라고 생각하느냐?' 이것이 내가 오늘 여러분에게 도전하고 싶은 질문입니다. 여러분은 예수님을 누구라고 생각하십니까? 여러분이 이제껏 가져온 의문점들을 해결하였다면, 오늘 한 발짝 앞으로 더 나아가기를 원합니다. 예수님을 따르는 사람이 되기를 결단하십시오." 나는 이렇게 설교를 마쳤다. 그리고 참여한 사람들이 그들의 삶을 그리스도에게 헌신하기를 회중에게 기도하게 하였다. 그 결과 수백 명의 사람들이 그리스도를 따르게 되었다. 이러한 결과는 그 사람들이 크리스마스 이브에 우리 교회에 방문하게끔 의도했던 계획을 통해 이루어졌다.

논쟁적 이슈들

또 다른 '고기잡이 탐험' 설교 시리즈에 대하여 살펴보자. 1999년 크리스마스 이브에 우리는 예배 참석자들에게 다음해 1월 둘째 주에 우리 시대의 가장 어렵고 논쟁적인 이슈들에 대하여 설교하겠다고 선포하였다. 교회 주보에 그 주제들에 대하여 정리한 우편엽서를 끼워 넣었다. 우리는 사람들에게 우리가 씨름하고 있는 어려운 이슈들에 대하여 함께 고민해 볼 것을 권하였다. 2000년 1월 둘째 주일날, 1999년 하반기에 나오던 사람들보다 천 명이 넘는 사람들이 예배에 참여하였다.

이 설교들은 전도의 기회가 되었을 뿐 아니라, 목회적 돌봄의 계기가 되었다. 오랫동안 우리 교회를 다닌 사람들은 사회 윤리에 대하여, 즉 그들의 신앙을 복잡한 도덕적 문제들에 적용할 수 있는 기회를 제공받았다. 이러한 설교를 함으로써 몇몇 성도들을 잃기도 하였다. 그러나 새롭게 교회에 참여하기 시작한 천여 명의 사람들을 얻었다. 나는 이 설교 시리즈를 진행하는 동안에 수백 통의 이메일을 받았다. 사람들은 이 설교에 대하여 일터에서 동료와 이야기를 나누었다. 반응은 폭발적이었다.

우리가 다룬 이슈들은 다음과 같다.

· 교회와 국가의 분리
· 공립학교의 발전
· 사형제도
· 안락사
· 공립학교에서의 기도
· 낙태

동성애

가장 논쟁적인 이슈는 클라이맥스를 위해 맨 뒤에 놓았다. 동성애에 대해 설교하던 날 예배 참석자 수는 새로운 기록을 세웠다. 그 전 두 달 동안 평균적으로 나오던 사람들 수보다 2,500명이 더 나왔다.(이 설교 시리즈는 「논쟁들에 대면하기(Confronting Controverseries)」란 제목으로 그룹에서 공부할 때 필요한 질문과 교회의 소그룹에서 사용할 수 있는 자료를 포함하여 아빙돈출판사에서 출판하였다. 비디오와 오디오테이프는 부활의교회 홈페이지 www.cor.org를 통해 이용할 수 있다.)

이 설교 시리즈들이 기본적으로 전제하고 있는 것은 이 모든 이슈들

말씀을 해방시켜라

이 도덕적 이슈들이라는 것이다. 도덕적 이슈들은 가치에 의해 규정되고, 가치는 신앙에 의해 규정된다. 때문에 이러한 이슈들은 교회 안에서 중요하게 논의되어야 한다. 비신자들은 교회가 이러한 문제들에 대해 이야기하는 것에 놀라워하며 교회에 나왔다. 우리는 비신자들과 기존의 신자들에게 안락사, 낙태, 동성애 문제에 대한 목회적 돌봄을 제공하였다. 그리고 기독교인들의 사회 윤리와 성서를 어떻게 이 복잡한 이슈들에 적용할 것인지를 가르쳤다. 이로 인해 제자 훈련이라는 목표가 저절로 달성되었다.

나는 이러한 설교들을 하기 위해서 이 전에 했던 다른 설교들보다 더 많은 연구와 독서, 공부가 필요했다는 사실을 말하고 싶다. 각 메시지에 대하여 평균 20시간 이상 준비했고, 2~3인치 두께의 자료를 준비하였다. 비서인 수 탐슨(Sue Thompson)은, 설교를 준비하는 데 매우 많은 도움을 주었다. 또 비디오 사역자들은 다양한 정보들로 적절한 비디오 자료를 만들기 위해 함께 힘을 써 주었다. 우리가 어떻게 이 설교들이나 다른 설교들에 접근할 수 있었는지에 대하여, 12장에서 어려운 주제들에 대하여 설교하는 법을 말하면서 좀 더 자세히 말하겠다.

여러분만의 창조성을 돕기 위해, '고기잡이 탐험' 설교 시리즈에 대하여 두 가지만 더 이야기하겠다.

악의 문제

신앙생활을 하지 않는 첫 번째 이유가 무엇인지를 물었을 때, 비신앙인들은 거의 다 악의 문제를 언급하였다. 매일 밤 저녁 뉴스에는 선하고 사랑이 많은 신과는 걸맞지 않는 이야기들이 꼬리를 물고 등장한다. 2000년 크리스마스 이브에 우리는 예배 참가자들에게 이것들에 관하여 물어보았다. "선하고 사랑이 많은 하나님이 왜 고난을 허용하는지에 대하여 생각해 본 적이 있습니까? 하나님에 대해 완전히 실망해 본 적이 있습니까? 하나님께 누군가를 치료해 달라고 기도했는데, 아무런 일도 일어나지 않은 경험이 있습니까? 한 번쯤 그런 질문을 해 본 경험이 있다면, 1월 둘째 주부터 '이럴 때 하나님은 어디에 계셨는가?'란 주제로 연속 설교를 할 예정이니 참여해 보십시오."

이때의 설교는 시리즈 설교 가운데 가장 짧았다. 너무 무거운 주제들이라 느꼈기 때문에 3주 이상을 넘기고 싶지 않았다. 시리즈 설교의 소주제는, '악의 문제와 하나님의 섭리'였다. 이 연속 설교에서 나는 비신자들만을 겨냥하지 않았다. 오히려 우리 교회 회중이 하나님의 섭리에 대하여 교리적으로 제대로 알게 하고 싶었다. 이 연속 설교는 각 메시지를 통해서 전도, 제자 훈련, 목회적 돌봄의 목표를 이룰 수 있었다. 역시 결과는 어마어마했다. 2000년 12월 출석수가 5천 명이었는데, 2001년 1월에는 매주 6천 명이 넘게 출석하였다.

매주 설교는 교인들 중에서 비극적 상황에 처했던 사람들을 인터뷰한 비디오를 보여 주는 것으로 시작하였다. 그리고 설교를 통해 비극과 비극이 야기한 신학적 물음에 대해 풀어나갔다. 인터뷰 내용은 매우 감동적이었다. 그 이야기들을 들을 때 바늘 떨어지는 소리조차 들리지 않았다. 그 인터뷰 내용이 제기하는 궁금증은 바로 이것이다.

이 이야기들을 통해 드러나는 현실과 사랑의 하나님이 어떻게 어울린다고 말할 수 있겠는가?

이 설교들을 통해 우리에게 주어진 과제는 예배 참가자들이 하나님의 섭리에 대해 가지고 있던 관념을 '재고하도록' 만드는 것이었다. 대부분의 크리스천들은, 오랜 세월 신앙을 해 온 사람들조차도 어린 시절부터 하나님이 일하시는 방식에 대해 하나의 교리만을 배워 왔다. 그것은 자신들이 착하게 살고 하나님을 섬기기만 하면 나쁜 일이 생기지 않을 것이라는 것이다. 자신들에게나 사랑하는 누군가에게 무언가 나쁜 일이 생기면, 하나님이 그들이 기대한 방식으로 해 주시지 않았기 때문에 혼란스러워하거나 괴로워한다. 그들은 그 비극적 일이 하나님의 징벌이 아닐까 궁금해하거나, 하나님이 안 계신 것은 아닌지, 하나님이 무언가 가르쳐 주려는 의도를 나타내신 것은 아닌지 궁금해한다. 나는 처음 두 편의 설교에서 이러한 섭리의 관점을 엄밀히 살펴보았다. 그리고 마지막 설교에서는 하나님이 우리 속에서 어떻게 역사하시는가에 대하여 교리적으로 올바르게 완전히 재구성하였다.

그 설교 후 수많은 사람들이 내게 와서 자신들의 이야기를 들려주었다. 무엇 때문에 하나님에게 실망하거나 화가 나서 수년 동안이나 교회를 떠났었는지, 그리고 이제 처음으로 하나님이 이 세상에서 어떻게 일하시는지 알게 되었는지를 고백하며 자신들의 믿음을 다시 고백하였다.

'고기잡이 탐험' 설교

사랑, 결혼, 섹스

'고기잡이 탐험' 시리즈 설교를 통해 우리가 수용할 수 없을 정도로 많은 물고기를 건져 올린 이야기를 마지막으로 하나만 더 이야기하겠다. 2001년 크리스마스 이브에 우리는 '사랑, 결혼, 섹스에 대한 성서적 관점'에 대해 설교하겠다고 선포하였다. 우리는 그 설교를 제대로 준비하고 여론을 조성하기 위해 5주 전 교인들을 대상으로 설문 조사를 하였다. 우리는 이 설교들이 실제로 우리 지역에 사는 결혼 부부 또는 미혼자들을 대상으로 광범위하게 여론 조사(실제로 2,400개 이상의 설문지가 도착했다.)한 것을 근거로 한다고 공포하였다. 그리고 매주 이들이 이 지역 사회에서 어떤 관계의 문제로 인해 씨름하고 있는가를 진지하게 검토하며, 성서를 통해 하나님이 의도한 대로 관계를 맺을 수 있도록 돕는 지혜와 영감을 살펴보았다.

몇 달의 준비 기간을 거쳐 설교를 완성하였다. 내가 11월에 부부들과 결혼 생활을 하면서 겪고 있는 문제가 무엇인가에 대해 인터뷰했던 내용을 5장에서 간단히 언급하였다. 우리는 주보에, 나와 함께 앉아 그들의 결혼 생활에 대해 이야기하고 싶은 부부는 전화해 달라고 광고를 실었다. 60쌍이 신청을 했고, 한 달간 매주 목요일 오후에 한 쌍씩 인터뷰하면서 설교에 필요한 정보를 얻었다.

12월 우리는 주일날 아침 예배 때 설문지를 만들어 사람들에게 나누어 주었다. 회중에게 '남성과 여성의 관계'에 대한 하나님의 계획을 이해하기 위한 설교를 준비하는데 대상은 기혼자나 독신, 어린이, 십대들을 위해 디자인한 설교 시리즈를 준비한다고 설명하였다. 그리고 그들의 도움이 필요하니 예배 시간 중 5분만 시간을 내어 설문지를 작성해 줄 것을 부탁하였다. 집에 가져가서 작성한 후 가져오길 원한다면 그렇게 하도록 했다. 우리는 예배를 일시 중단했고, 배경 음악을 깔아 주며 작성할 시간을 더 주어 완성케 했다. 그리고 다 작성하지 못한 사람이 있다면 봉헌송 때 마무리할 것을 부탁했고 3분의 시간을 더 주었다. 그 다음, 내가 설교들을 준비하기 편리하도록, 비서가 모집한 몇몇 사람이 그 정보들을 분류하고 정리하여 주었다.

이러한 물밑 작업과 더불어, 우리는 내가 11월에 개인적으로 만난 부부 가운데 몇몇을 선정하여 비디오 인터뷰를 하였다. 그리고 우리 교회 교인 가운데서 50년 이상 함께 살아온 부부들을 인터뷰하였다. 또한 기독교인 심리학자와 결혼·가족 상담가들로부터 이러한 문제들에 대한 그들의 견해를 물어보았다. 마지막으로, 나는 그 당시 치료자들이나 그 밖의 전문가들이 추천한 결혼에 관하여선 최고의 자료라고 알려진 책을 12권 정도 구입하였다. 이 시리즈 설교는 이 모든 연구와 준비를 통해 탄생하였다.

이 설교를 한 결과, 예배 참여자 수는 엄청나게 증가하였다. 그 당시 우리 교회 예배당 좌석수는 1,600석이었다. 우리는 여섯 번씩 예배를 드렸고, 12월에 매주 평균적으로 6,000명 미만이 예배를 드렸다. 그런데 이 시리즈 설교를 한 첫 주일날 7,500명이 교회에 나왔다. 우리가 예상한 바였다. 하지만 이들을 다 수용하기에는 공간이 너무 협소하였다. 바로 그 주일날 우리는 다음주에는 '여성들이 자신들에 대하여 남성들이 알기를 원하는 것'에 대한 설문지 내용을 근거로 설교하겠다고 광고하였다. 그 다음 주일날 9,200명이 예배에 참석하였다. 공간이 부족했다. 교회 안의 철제 접이식 의자를 모두 동원했다. 우리는 본당 입구에 텔레비전을 설치하고 그 앞의 넓은 공간에서도 예배를 드리도록 했다. 그들은 바닥에 앉기도 하고 위층 발코니에 기대어 예배드리기도 했다. 우리는 성가대석 좌석 옆에도 자리를 마련하였다.

모든 부분에서 예배가 혼란스러웠음에도 불구하고, 그들은 그 다음 주 '남성들이 자신들에 대하여 여성들이 알기를 원하는 것'에 관한 설교를 듣기 위해 다시 모여 들었다. 그러나 예배나 메시지 면에서 매우 긍정적인 호응을 얻었음에도 불구하고 이 사람들을 모두 교회에 수용할 수 없었다. 매주 예배 후 주차장을 빠져 나가는 데 20분이나 걸렸다. 교회 안의 탁아실과 주일학교 교실이 부족하게 되었다. 우리는 많은 새신자들을 받아들이게 되었다. 새신자들이 천 명 정도 늘어났다. 하지만 받아들일 여력이 부족한 까닭에 교회에 나올 수 있는 2천 명 정도의 사람들을 잃었다.(지금은 3천 명을 수용할 수 있는 좀 더 큰 예배당을 건축하게 되었다. 탁아실이나 주일학교 예배실, 주차 공간과 더불어 예배 수용 공간이 두 배로 늘어났다.)

이 시리즈 설교에 대하여 마지막으로 한 마디만 더 하겠다. 다른 경우와 마찬가지로, 우리는 전도만 한 것이 아니다. 목회적 돌봄(많은 부부들이 이 설교들이 자신들의 결혼 생활을 회복하는 데 중요한 역할을 했으며, 결혼 생활의 어려운 국면을 극복하는 데 도움을 받았다고 말해 주었다.)을 제공했고, 크리스천이 되는 일과 성경의 중요성, 그리고 남성과 여성 사이의 관계에 대하여 가르쳤다. 설교의 마지막 부분에서 나는 다음과 같이 권유하였다. "우리는 9주 동안 관계가 어떻게 이루어지며 또한 어떠해야 하는지에 대하여 말씀드렸습니다. 그러나 내가 여러분에게 말한 모든 것들은 예수 그리스도와의 관계가 분리된 상태에서는 경험할 수 없습니다. 또한 진정한 기독교인의 결혼의 기초를 이루는 믿음을 공유하지 않고서는 경험할 수 없습니다. 따라서 오늘, 여러분에게 기도할 기회, 하나님께 이야기할 기회, 그리스도에게 헌신할 기회를 드림으로써, 우리가 살펴본 것과 같은 결혼 생활의 다음 단계로 나아갈 기회를 드리고 싶습니다." 다시 한 번 수백 명의 사람들이 이러한 헌신을 고백하였다.

여러분은 이 장의 내용을 통해 무엇을 얻었는가? 여러분이 크리스마스 이브 예배에 사람들을 초대하는 일을 잘 수행한다면, 혹은 그날 밤 예배가 훌륭하다면, 그리고 비종교적이고 명목상으로만 종교적인 사람들의 실제적인 요구를 충족시키기 위해 짜여진 강력한 시리즈 설교를 광고했다면, 그들은 되돌아온다. 그리고 이 시리즈 설교는 비신자들을 양육할 뿐 아니라, 교회에 다니는 사람들에게도 축복이 될 것이며 그들을 위한 사역이 될 것이다.

설교 후 초청에 대한 소견

마지막으로 설교 후 제단으로의 초청에 대하여 신학적으로 두 가지 측면에서 살펴보겠다. 이 책을 읽는 독자 중에는 설교가 진정한 설교가 되기 위해선 '설교 후 초청'이 있어야 한다고 느끼는, 교회 전통 안에 있는 사람도 있을 것이다.(역자 주: 미국의 남침례교회 경우, 주로 예배시 설교 후에 제단으로 초청하는 시간을 가진다.) 나는 어떤 방법이든 무시하고 싶지 않다. 그러나 내가 말하고 싶은 것은 비신자들은 예배시 '초청'을 모두 성경 본문이나 예화만 다를 뿐 똑같은 구원의 메시지를 지닌 설교로 받아들인다는 사실이다. 어떤 비신자들은 그와 비슷한 말을 듣기만 해도 돌아선다. 이러한 현실이기에, '초청'에 대해 다시 한 번 생각할 필요를 느끼며 다음과 같이 묻게 된다. "설교할 때 어떤 방식으로, 언제 '초청하는 것'이 가장 효과적일까?"

최근 나는 자동차 가게에 간 적이 있다. 사고 싶은 마음은 없었으며, 그저 단지 타이어를 시험해 보고 타이어에 대한 정보만 얻고자 했다. 어느 한 판매점에서 매우 강압적인 판매원을 만났다. 그는 특별 세일 기간이 '곧' 끝날 예정이니 '오늘 당장' 차를 사야 할 것이라고 말했다. 그리고 "손님이 오늘 서류에 사인을 하실 때 제가 도울 일은 없겠습니까?" 하였다. 그가 재촉하면 할수록, 나는 이 사람에겐 절대로 차를 사지 않아야겠다고 마음먹었다. 때때로 비신자들은 설교가들이 말하는 '제단으로의 초청'에 대하여 이와 같은 방식으로 반응한다.

이 책을 읽은 대다수의 독자들은 아직 한 번도 '제단으로의 초청'을 받아보지 않았을지 모른다. 많은 주류 교회들은 '제단으로의 초청'을 시대착오적인 것으로 여긴다. 우리는 그동안 좀 더 보수적인 교회에서 이러한 형태로 초대하는 것에 대하여 비판적인 시각으로 바라보았으며, 그 결과 '목욕물을 아이와 함께 내다 버린' 격이 되었다. 우리는 종종 사람들이 교회에 나와 오랫동안 가르침을 받기만 하면 저절로 크리스천이 된다고 생각해 왔다. 크리스천으로 헌신하겠다는 소리로 들리는 교인 서약에 대해 질문하는 것에 만족해 왔다. 그러나 진실은 다르다. 그들은 교인으로서의 서약에 동의한 것이지, 진정으로 크리스천으로서 헌신하겠다고 말한 것은 아니다. 그리고 크리스천으로서 헌신할 준비가 되어 있는 많은 사람들은 교회나 교회 구성원이 될 필요성에 대해선 확신하지 못하고 있다.

자동차 판매원에 대한 비유로 되돌아가 보자. 나는 바로 그 토요일에 또 다른 자동차 판매원을 만났다. 그녀는 매우 수동적이었다. 나는 오히려 정보를 얻기 위해 그 사람에게 부탁해야만 했다. 아내의 말을 들으니 한 달 전 그곳에 왔을 때도 어떤 차에 매우 관심을 보였지만 그 판매하는 여성이 시험 주행해 보라고 권유하지도 않았다는 것이다. 또한 어떤 정보도 주지 않았으며 비즈니스 카드도 보여 주지 않았다는 것이다. 그녀는 우리가 방문한 뒤 며칠 후 전화를 걸어왔지만 자신이 판매하는 차에 대하여 도무지 확신 있게 이야길 하거나 적당한 가격에 거래하지도 않았다. 말할 필요도 없이, 우리는 그녀에게서 차를 사지 않았다. 물론 그녀는 첫 남자보다는 좀 더 편안하게 대해 주긴 하였다.

설교가들이 사람들로 하여금 그리스도에게 실제적으로 헌신하도록 도움을 주는 것은 매우 중요한 일이다. 때로 우리 모두는 간단한 방식으로도 신앙고백에 영향을 미치도록 분명하게 초대할 필요가 있다. 이것이 '제단으로의 초청'의 가치다. 그것은 행위와 신앙고백으로의 부름이다. 부활의교회에서는 사람들에게 '제단으로의 초청'을 위해 앞으로 나아오도록 거의 요청하지 않는다. 그 대신, 4주나 6주에 한 번씩 설교 끝

'고기잡이 탐험' 설교

에 초대의 말을 한다. 나는 사람들에게 고개를 숙이고 눈을 감도록 한다. 그리고 다음과 같이 말한다. "여러분은 오늘 이 자리에서 예배를 통해 감동을 받았을 것입니다. 아마 이제껏 한 번도 예수 그리스도의 제자가 되고 싶다고 고백하지 않았을지도 모릅니다. 어쩌면 오늘 그분의 용서와 은혜를 사모하며 그것을 통해 깨끗하고 온전해지기를 원할지도 모릅니다. 기독교인의 삶의 첫 단계는 그리스도에게 속하기를 열망하며 그저 받아들이는 것입니다. 그분이 여러분에게 행하신 일들을 받아들이면 됩니다. 오늘 여러분이 그것을 원하신다면, 그분께 여러분의 삶을 드리십시오. 그리고 나와 이것을 고백하며 기도합시다. 여러분 입으로 스스로 기도해도 되고, 내가 기도하는 것을 잘 들으셔도 됩니다." 그 다음 나는 그들을 이끌어, 한 줄 한 줄 매우 천천히 다음과 같이 기도한다. "사랑하는 주님, 당신의 제자가 되길 원합니다. 주님을 따르고 싶습니다. 제게 베푸신 주님의 용서와 자비를 받아들입니다. 저를 깨끗케 하시고 새롭게 하소서. 제 자신을 주님께 헌신할 수 있도록 도우소서. 예수 그리스도의 이름으로 기도드립니다. 아멘."

그날의 설교 내용에 따라 기도의 내용도 달라진다. 내가 발견한 한 가지는 많은 사람들이 누군가가 실제로 자신이 이렇게 기도할 수 있도록 도와주길 원한다는 사실이다. 최근 65세 된 교인이 나에게 말하길, 일생 교회를 다녔지만 자신이 그리스도에게 헌신하며 그리스도의 임재를 경험한 것은 그날이 처음이라는 것이었다. 수년 동안 그리스도를 따라왔지만, 그가 공식적으로 신앙고백하게 되었을 때 비로소 무언가가 일어났다는 것이다.

우리는 사람들에게 손을 들거나 앞으로 나아오도록 요청하지 않는다. 그들은 예배 후에 따로 모여 그러한 시간을 갖는다. 새로운 교회 건물에는 예배 후 목회자와 함께 기도하고 싶은 사람들이 모여 기도하는 작은 기도실을 준비할 예정이다. 자신의 자리에서 조용히 기도할 때 진정으로 헌신하는 기도를 드릴 수 있다고 믿는다.

우리가 사람들을 이러한 신앙고백의 자리로 초대하는 방법에는 두 가지가 더 있다. 우리는 매주 월요일 밤 특별 예배 때와 매달 첫 주에 성찬식을 한다. 성찬 예식에 따라 빵과 포도주를 받는 것은 그리스도를 우리의 삶으로 초대하는 것임을 설명해 준다. 그 빵과 포도주를 받아들고, 각자의 삶을 그리스도에게 헌신하기 위해 어떻게 기도해야 할지를 가르쳐 준다. 우리는 성찬을 받기 위해 회중을 앞으로 나오도록 한다. 이로 인해 그들은 성찬대 앞에 무릎을 꿇고 그리스도에 대한 헌신을 고백하는 기도를 드릴 기회를 갖게 된다.

마지막으로, 우리는 '목사와 함께 커피 마시는 모임'에 관심이 있는 사람을 초대한다. (부활의교회 전도 프로그램에 대해 더 알기 원하면 「Leading Beyond Walls」, 아빙돈출판사, 2002년을 참고하라.) 이 모임에서 우리는 커피를 다 마시면 사람들로 하여금 사도신경을 함께 읽고 그들의 삶을 그리스도께 헌신하는 기도를 드리게끔 인도한다.

나는 사람들에게 "와서 나를 따르라!"는 그리스도의 초대에 응답할 기회를 주는 것이 매우 중요하다고 본다. 동시에 많은 교회들이 기계적으로 '제단으로의 초청'을 권하는 것은 오히려 사람들에게 역효과를 낸다고 믿는다. 나는 지금껏 이 양면적 딜레마를 부활의교회에서 어떻게 해결하고 있는지에 대하여 간략하게 말하였다. 여러분도 여러분만의 방법을 찾게 될 것이다.

'고기잡이 탐험' 설교에 대한 이야기와 덧붙여 말미에 기존 성도들과 새신자들이 그리스도와 더 신실한 신앙의 길을 걷게 하는 데 목표를 둔 설교에 대하여 말하였다. 이제 우리 설교의 두 번째 목적을 향해 방향을 돌려 보자.

말씀을 해방시켜라

8장

더 깊이 들어가기

성도들은 '제자 훈련' 설교를 들음으로써 성서를 더 잘 이해하게 되고
스스로 성서를 연구하고 읽는 힘을 기르며, 그 말씀을 삶에 적용할 수 있게 된다.

8장

더 깊이 들어가기

부활의교회의 궁극적 목적은 철저하게 헌신하는 크리스천이 되도록 돕는 것이다. 이러한 목적을 이루기 위해 필요한 목회 사역은 매우 많다. 우리는 단순히 예배에만 참여할 뿐 철저하게 헌신하는 크리스천이 되려 하지 않는 새신자들에게 소그룹에 참여하거나 개인의 영적 성장을 위한 다른 모임에 참여하여야 한다고 말한다. 내 설교 역시 사람들에게 이러한 방향을 제시하는 데 도움을 준다.

제자 훈련

지난 장에서 보았듯이, 우리는 '고기잡이 탐험' 설교에서조차 사람들이 그리스도와 함께 더 깊은 곳으로 걸어가도록 하기 위해 노력한다. 어떤 의미에서, 모든 설교의 궁극적인 목적은 제자 훈련이다. 한 해의

말씀을 해방시켜라

수많은 시간을 통해 우리는 예배 참여자의 기독교 신앙과 성서 또는 영성 훈련에 대한 이해를 돕는 도구를 제공하는 데 초점을 둔 설교를 한다.

사순절은 해마다 가장 많이, 가장 강하게 성장하는 신앙에 대하여 강조하는 설교를 하는 기간 중 하나다. 우리는 몇 가지 이유에서 사순절을 통해 그러한 설교를 한다. 첫째는, 역사적으로 사순절은 초신자들이 교회 안에서 그들의 세례와 신앙에 대한 고백을 준비하는 기간이기 때문이다. 이 기간에 우리는 젊은이들에게 입교 과정을 밟게 한다. 사순절은 신학적으로, 마음을 다해 성금요일과 부활절을 준비하면서 예수님의 40일간의 금식과 기도에 참여하는 기간이다. 이와 더불어 우리가 발견한 사실은, '고기잡이 탐험' 시리즈 설교가 끝나면 기존의 교회 구성원들이나 새신자들 모두 영성적 삶에 관심을 기울이기 시작한다는 것이다.

때로는 '구도자'에게 초점을 맞출 것인가 아니면 '신자'에게 초점을 맞출 것인가 고민스럽기도 하다. 이 같은 문제는 풀어야 할 숙제였기에, 주중에 '신자들'을 위한 특별한 예배를 드리기로 하였다. 앞으로는 좀 더 오랜 기간 동안 찬양과 경배 예배를 드릴 수 있도록 기회를 만들 생각이다. 앞서 이야기한 바와 같이, 이제까지는 단편 설교와 연속 설교를 통해 영적 성숙에 대한 요청들과 단계들에 대한 폭넓은 스펙트럼을 잘 만족시켜 왔다고 생각한다. 물론 크리스마스와 부활절은 예외적인 경우다. 매해 우린 그때마다 그날들이 지닌 의미와 우리 삶에서 갖는 의미에 초점을 둔다. 우리는 그 두 절기의 설교들이 비신자들을 겨냥한다는 사실에 별로 큰 의미를 두지 않는다. 그러나 매주 예배시 기존의 신자들이 그들의 삶에 대하여 하나님이 도전하시는 것을 듣고 무언가 새로운 것

더 깊이 들어가기

을 배우기를 소망한다. 이와 마찬가지로 새신자들이나 아직 크리스천이 아닌 사람들이 설교를 통해 성장하고 도전받기를 소망한다.

한때는 과거의 위대한 성서 강해 설교가들과 같은 스타일 - 특정 성경 본문을 한 절 한 절 설명하는 것 - 로 설교해 달라는 부탁을 받기도 했다. 우리 교회의 한 평신도가 이러한 부탁을 했을 때 나는 매우 놀랐다. 그들은 강해 설교가 그들에게 '좋은 음식'이 될 것이라고 믿는 것이다. '신자들의 예배'가 필요한 것은 이 때문이다. 그러나 나는 주중에도 주말에도 온통 같은 스타일의 설교를 하는 것을 좋아하지 않는다. 기회가 주어졌을 땐 흔쾌히 강해식 설교를 하기도 한다. 그러나 몇 가지 이유로 인해 강해 형식만의 설교를 거부해 왔다.

첫째, 예수님과 사도들도 이런 방식으로 설교하거나 가르치지 않으셨다. 그들은 영적 진리를 실제적으로 적용하는 것에 더 많은 관심을 기울였으며, 히브리 성경을 구절구절 해석하기보다는 청중의 요구를 충족시키기 위해 영적 원리의 틀을 제시해 주셨다.

둘째, 전체 성경에는 31,173절의 말씀이 있다. 앞으로 30년의 목회 사역을 하며 매주 설교한다 하더라도, 이 구절들의 5%도 다 전하지 못한다. 목회자로서의 내 사명은 예전에 신학교의 목적에 대해 학장님이 하셨던 말씀과 별반 다르지 않다고 생각한다. 신학교 교육의 목적은 성경과 신학, 교회 역사, 윤리, 목회적 돌봄과 설교에 대한 모든 것을 가르치는 데 있지 않다. 신학교 교수님들은 그들이 가지고 있는 방대한 지식들을 3~4년의 교육 과정을 통해서도 다 가르칠 수 없는 것에 대해 매우 힘들어할 것이다. 그러나 그들의 목적은 그 모든 것을 다 가르치는 데 있지 않다. 오히려 신학교를 졸업하고 목회 사역 속에서 계속 배우고, 성장하고, 탐색하고, 사역하는 데 필요한 도구들과 기반을 마련해 주는 데 목적이 있다.

나는 목회자도 마찬가지라고 본다. 어떤 주어진 토픽이나 주제, 성경 책에 대해 모든 것을 다 가르쳐 주는 것이 목적이 아니고, 그들이 자신들의 삶 속에서 성경을 연구하고 영성 훈련을 하면서 '우리의 구세주 예수 그리스도에 대한 지식과 은혜 속에서' 끊임없이 성장하도록 기반을 구축해 주고, 도구를 제시하고, 방법적 모델을 제시해 주는 것이다.

셋째, 제자 훈련에 초점을 둔 설교에서조차, 나의 목표는 큰 텍스트나 중요한 사상에 대하여 큰 삽을 한 번 떠 주고 우리 성도들에게 그들 스스로 더 깊이 파 들어가도록 도전하는 것이다. 이제 나누게 될 이야기는 지난 몇 년 동안, 사람들을 더 깊이 인도하는 데 목표를 두고 설교했던 내용들이다. 덧붙여, 내가 자부심을 가지고 흥미 있어 하는 한 가지 도구를 제시하며 마무리하겠다. 그것을 잘 사용하면 여러분의 성도들로 하여금 설교를 듣고 끝나는 이야기가 아닌 자신들의 신앙 속으로 더 깊이 도약하기 위한 발판으로 바라보게 하는 데 큰 도움이 될 것이다.

인간 바울

나는 지난 수년 동안 그 해 제자 훈련 설교를 할 시기가 되면 중요한 주제들을 선정했다. 그리고 이 주제들은 봄에 할 설교와 가을에 할 설교로 나누어진다. 몇 번씩 언급한 바와 같이 바울 서신에 대해선 시리즈 설교를 한 적이 있다.

　2000년에 설교 계획을 세우기 위해 시간을 보내던 중, 아직 한 번도 바울에 대하여 실질적으로 성도들에게 가르치지 않았다는 것을 깨달았다. 서신들에 대해선 가르치긴 하였다. 사도행전의 이곳저곳에 있는 이야기들에 대해선 설교하였지만, 10년 동안 바울에 초점을 맞추고 설교한 적이 없었다. 그러던 중 혈기왕성한 십대인 내 딸이 바울에 대해 이야기하던 중 "바울은 비열한 성차별주의자예요."라고 말하였는데, 이것이 바울에 대해 설교해야겠다는 마음을 굳히도록 만들었다. 그 말에 나는 충격을 받았다. 그러나 나는 내 딸이 그런 말을 한 것은 바울을 떠올릴 때 주로 교회에서 여성의 역할을 제한하는 본문을 연상하였기 때문이라는 사실을 깨닫게 되었다. 주일학교와 성경 공부를 해 왔음에도 불구하고, 딸아이는 성서의 가장 중요한 인물인 바울에 대해 포괄적이고 광범위한 모습을 아직 보지 못한 것이다. 나는 우리 교회의 대다수 사람들이 바울을 "여성은 교회에서 잠잠해야 한다."는 말을 한 사람으로만 알고 있다는 사실에 충격을 받았다. 그로 인해 2000년 여름, 나는 돌아오는 2002년에는 바울에 대하여 집중적으로 설교해야겠다는 계획을 세웠다. 첫 번째 시리즈에서는 사순절 기간에 주로 사도행전의 후반부 내용을 기반으로, '바울의 삶과 여행'에 대하여 소개하기로 하였다. 두 번째 시리즈는 바울이 설교하였던 지역을 여행한 것을 토대로 하여, '바울의 편지들'에 대하여 설교하기로 하였다.

　확실히, 이 설교들은 '고기잡이 탐험' 설교가 보여 주었던 것과 같은 사람을 끄는 힘은 없었다. 그러나 회중은 이 설교들을 통해 성서를 더 잘 이해하게 되었으며, 자신들 스스로 성서를 연구하고 읽는 힘을 기르는 데 큰 도움을 얻었다. 뿐만 아니라 매주 그 말씀들을 그들의 삶 속에서 실제적이고, 적절하게, 아주 중요한 삶의 방법으로 적용할 수 있었다. 개인적으로 나에게는 바울에 대한 설교를 준비하는 과정이 이제껏 어느 설교를 준비하는 것보다 재미있었다. 전 장에서 이미 말한 바와 같이, 나의 목표는 시리즈 설교의 각 설교에서, 그 주제에 관한 한 대학교 과정에서 제공하는 것 같은 수준의 정보를 제공하는 것이다. 이는 설교를 위해 독서하고 연구하는 시간을 통해 내 신앙에 대한 이해가 좀 더 깊어지고 성장한다는 것을 의미하기도 한다. 목사로서 매주 이처럼 설교를 준비하기 위해 성서를 연구하는 데 5~10시간을 보낼 수 있다는 것은 정말 기쁜 일이 아닐 수 없다! 많은 교과 과정을 통해 바울을 공부하기도 했고 성경공부를 통해 바울의 편지에 대해 공부하기도 했지만, 바울과 그의 글을 연구하기 위해 이렇게 많은 시간을 보낸 것은 처음이었다. 그 시간을 통해 이전에 알지 못했던 통찰을 얻을 수 있었다. 매주 나는 2~3시간 분량의 자료들을 가지고 실제로 그것을 30분 동안 설교하기 위해 축소시켜야 한다는 도전과 두려움을 종종 경험했다.

바울에 대해선 이 정도로 줄이겠다. 성도들을 더 깊은 신앙으로 나아가도록 하는데 초점을 두었던 다른 설교들에 대해 살펴보겠다.

기금 모금

1999년 설교 계획을 짜기 위해 수련회를 갔을 때, 2000년과 2001년을 전망해 보았다. 그 당시 우리는 2002년 봄 교회 건축을 계획하고 있었고, 이를 위해 기금 모금을 준비해야 한다는 것을 깨달았다. 우리 교회 성도들은 이전에는 경험하지 못했던 희생에 대한 소명 앞에 놓여 있었다. 나는 나 자신에게 물었다. "그들이 이 일을 할 만한 준비가 되었는가? 나는 그들이 감당할 만한 믿음의 기초를 가지도록 준비시켰는가? 예수 그리스도에 대한 그들의 헌신의 수준은 어떠한가?" 나는 이러저러한 생각을 하면서, 2000년과 2001년은 계획적으로 성도들이 그 일을 감당할 수 있도록 단단하게 기초를 세워야겠다고 결정했다. 이 모든 것이 맞물려 그들의 신앙이 성장하도록 하려는 것이었다.

예수님에 대한 이해

2000년도에 나는 예수 그리스도의 삶과 업적, 가르침에 초점을 맞추어 두 번의 시리즈 설교를 할 필요를 느꼈다. 매번 설교 때마다 나는 어떤 방법으로든 예수님에 관하여 설교하였다. 이 설교를 통해 성도들이 예수 그리스도를 사랑하게 되기를 원했다. 그래서 그분의 마음과 그분의 사역, 그분의 가르침, 그분의 죽음과 부활을 이해하고, 이 모든 것이 우리가 그분을 구세주로 부를 때 갖는 뜻임을 이해하길 원했다.

사순절 기간에 나는 '누가복음에 나타난 예수의 모습'이란 주제로 시리즈 설교를 계획하였다. 누가복음에서 사람들에 대한 예수님의 강렬한 마음을 묘사하고 있는 8개의 본문을 잡아 설교할 때, 우리는 성도들에게 누가복음의 본문을 통독하도록 하였다. 매 설교 때마다 나는 성도들의 마음속에 그리스도에 대한 사랑이 자라며, 사람들에 대한 그분의 마음에 성도들의 마음이 사로잡히기를 소망하였다.

가을에 다시 한 번 '좁은 길에 대한 설교: 오늘날 세계에 대한 예수님의 가르침'이란 제목으로 연속 설교를 하였다. 이 설교는 마태복음에서 본문을 잡았고, 나는 다시 한 번 성도들에게 함께 마태복음을 통독하자고 하였다. 그 해, 마태복음과 누가복음을 읽은 성도들은 예수님의 사역과 그분의 가르침에 대해 잘 알게 되었다. 우리는 그 해 일곱 번 시리즈 설교를 했고, 이것은 겨우 두 번에 불과했다. 그러나 이 설교들은 기존 신자들에겐 그리스도와 더 깊은 신앙의 길을 걷도록 하며, 새신자들에게는 크리스천 제자 훈련의 기반을 마련하도록 계획되었다.

기독교 신앙

나는 2001년 사순절에 기독교 신앙의 기초를 다지는 것에 초점을 맞추었다. 성도들에게 조직 신학, 기독교 변증학에 비견할 만한 기초 과정을 제시하고 싶었다. 아니 좀 더 단순하게, 전체 회중에게 입교 과정 같은 기초 과정을 제시하고자 하였다. 그 해 우리는 '크리스천은 무엇을 믿는가? 그리고 왜 믿는가?'로 중심 주제를 삼았다. 나는 기초 조직 신학 과정을 8주간의 설교의 틀로 잡았다.

그 시리즈 가운데 한 편의 설교에 대해 함께 나누고 싶다. 어느 한 주나는 세례에 대하여 설교하였다. 우리는 매주 교회에서 세례식을 거행한다. 그리고 매주마다 세례의 의미에 대하여 설명한다. 나는 설교에서도 여러 차례 세례에 대하여 언급한 바 있었다. 그러나 그 주의 설교는 세례의 역사적 중요성과 신학적 중요성에 대한 것이었다. 설교 중간에 나는 고고학자들에 의해 발견된 고대 세례 의식에 쓰인 세례 기구를 슬라이드를 통해 보여 주었다. 세례에 대하여 가르치기도 하였고 설교하기도 하였다. 그 설교를 통해 이제껏 세례를 받지 않았으나 세례의 의미를 온전히 이해하게 된 사람들이 세례를 통한 하나님의 약속을 받아들이도록 하는 기회로 삼았다. 우리는 예배 후, 부활절 전야 예배시 세례를 받고자 하는 사람은 등록하고 가도록 하였다.(우리는 부활절 전날 밤에 세례받지 않은 사람들을 위한 특별한 세례 예식을 거행한다.) 그 설교 후, 140명의 사람들이 세례받고자 등록하였다! 그것은 재세례가 아니었다.(미연합 감리교회는 전통적으로 재세례를 행하지 않고, 오히려 세례를 갱신한다.) 이 날 등록한 사람들은 이제껏 한 번도 세례를 받아본 적이 없는 사람들이었다. 이들은 세례 행위의 중요성에 대하여 이해한 그 순간 세례받기를 원했던 것이다. 우리는 부활절 전야 예배 때 두 장소에서 세례를 거행했고 세례식은 두 시간이 넘게 진행되었다! 대단히 감동적인 날이었다. 이 날 세례받은 많은 사람들은 오랫동안 교회를 나왔던 사람들이었고, 세례에 대하여서도 자주 들었음에도, 이 설교를 듣고 설교 후의 초청 전까지는 세례의 단계로 나올 필요를 느끼지 못하였던 사람들이다.

영성 훈련

우리 교회의 '제자 훈련' 설교 시리즈의 몇 가지 예를 제시해 보겠다.

일반적으로, 매 2~3년 동안 사순절 기간을 영성 훈련과 영성 훈련의 실제에 대하여 가르치는 기회로 삼는다. 그 중 내가 선호하는 것 가운데 하나가, '매우 영향력 있는 기독교인이 되는 10가지 습관' 이다. '매우 영향력 있는' 이란 표현은 수많은 책들 제목에 부착되어 있는 것을 이용한 것이다. 매주 우리는 회중에게 제자 훈련에 대하여 가르쳤고, 실제로 다양한 영성 훈련을 실천하도록 하였다. 나는 리처드 포스터가 「훈련의 축제(Celebration of Discipline)」에서 말한 것과 유사한 어떤 것을 설교 형태로 전해 주고 싶었다. 설교할 때 그 텍스트를 모방하진 않았지만, 몇 가지 점에서는 그 책을 인용하기도 하였다.

성서 속의 인물들

나는 종종 예수님이나 바울과 같은 성서 속의 인물들을 연구하여 그것을 토대로 제자 훈련에 관한 설교하기를 좋아한다. 내가 제일 좋아하는 주제는, '다윗의 삶을 통한 삶에 대한 통찰' 이다. 아래는 우리 교회의 신문에 게재되었던, 연속 설교에 대하여 정리한 내용이다.

다윗 왕은 우리가 아는 바와 같이 이스라엘의 가장 위대한 왕으로 추앙받는다. 그의 이야기는 구약성서에서 3권에 걸쳐 기록되어 있다. 이것보다 중요한 것은, 다윗의 이야기가 신앙과 삶을 망라하는 강력한 모습을 드러내고 있다는 점이다. 그의 이야기를 통해 우리는 우정과 배신, 유혹과 도덕적 힘, 죄와 구원, 비겁함과 용기, 자만과 겸손, 그리고 궁극적으로는 우리가 살고 있는 삶에서 신앙이 어떤 역할을 하는가를 배우게 된다.

아래에 기록된, 성경과 주제를 연결한 설교 제목을 살펴보면 이 설교 시리즈의 내용에 대하여 이해하게 될 것이다.(미국에서는 5월 둘째 주일은 어머니날, 6월 둘째 주일은 아버지날이다.)

4월 30일   '하나님이 선택할 것 같지 않은 사람'
         - 목동 소년 다윗(사무엘상 16장)

5월 7일   '당신 삶의 거인들을 제거하라'
         - 다윗과 골리앗(사무엘상 17장)

5월 14일   '할머니의 유산'
         - 다윗의 할머니 룻(룻기)

5월 21일   '당신이 비겁한 상황에 놓였을 때'
         - 다윗과 사울(사무엘상 18장)

5월 28일   '진정한 우정의 특성'
         - 다윗과 요나단(사무엘상 19장)

6월 4일   '우리가 짜고 있는 엉킨 실타래는 무엇인가?'
         - 다윗과 밧세바(사무엘하 11장)

6월 11일   '문제 아이들과 고통당하는 부모들'
         - 다윗과 반역하는 아들들(열왕기상 1장)

6월 18일   '여호와는 나의 목자'

말씀을 해방시켜라

　　　　　- 다윗과 그의 시(시편 23편)

　6월 25일　'다윗의 유언'

　　　　　- 다윗과 그의 유산(열왕기상 2장)

　앞서 말했듯이, 우리는 매번 설교 시리즈들에 대한 내용을 담은 총천연색의 우편엽서를 발행한다. 우편엽서에는 설교 시리즈의 주제와 날짜가 적혀 있다. '고기잡이 탐험' 설교 시에도 주소가 기록된 모든 사람들에게 우편엽서를 발송할 것이다. 제자 훈련 설교 시리즈 때에는 때로 우리 교회 성도들에게만 우편을 발송한다. 우편엽서는 앞으로 할 설교를 기대하게 하려는 데 목적이 있다.

설교 노트와 연구 지침

　이 장의 주제들에 대해 이야기를 끝맺기 전에, 우리가 개발한 귀중한 도구에 대하여 나누고자 한다. 그것은 우리 성도들로 하여금 설교를 한 주간 동안 기억하도록 하기 위해 고안한 것이다.

　여러분 가운데 대부분은 현재 설교 요약본이나 설교 노트 - 이것을 주보에 삽입하여 사람들이 설교를 더 잘 기억하고 계속 묵상하도록 - 를 제공하고 있을 것이다. 이것은 새로운 아이디어가 아니다. 나는 설교 정리나 설교 노트에 대하여 한 가지 아이디어를 알고 있다. 그것은 우리 교회에 출석하고 계시는, 내 어머니의 생각이다. 우리는 보통 설교 요약본에 '채워 넣을 빈 공간'을 만들어 예배 참가자들이 문장이나 개념을 완성하도록 하였다. 나의 어머니는 말씀에 집중하다가 단어를 자주 놓치게 되는 것을 알게 되었다. 때로는 설교 듣는 것을 멈추고 요약본을 죽 훑어보지만 빈 공간에 들어갈 단어를 찾지 못할 때도 있었다. 그녀는 나에게 빈 공간에 들어갈 단어들을 작은 글씨로 페이지 하단에 기록해 주는 것이 어떠냐고 제안하셨다. 어떻게 어머니와 논쟁할 수 있겠는가? 우리는 곧바로 그렇게 했고 사람들은 고맙다고 인사를 하였다. 분명히 다른 사람들도 그 문제로 골치를 앓았던 것이다!

그러나 내가 제안하고자 하는 핵심적인 아이디어는 설교 지침서에 대한 것이다. 몇 년 전 나는 두 가지 중대한 생각에 봉착했다. 첫째는, 우리 교회의 많은 성도들이 스스로 성경을 읽지 않는다는 것이었다. 내가 왜 성경을 연구하지 않느냐고 물었을 때, 그들은 성경을 읽으려고 노력은 하지만, 이해가 안 된다고 했다. 내가 연구 지침서를 만들어야겠다고 마음먹게 된 두 번째 계기는, 이미 말했듯이 설교 시간에 제공하는 것보다 더 많은 설교 자료들을 첨가하고 싶었기 때문이다. 그래서 나는 이 두 가지 생각을 통합시켰다. 설교와 관련하여 매일매일 묵상의 시간을 갖게 하려면 어떻게 해야 할까? 초신자들이 성경 본문을 이해하고 그것을 자신들의 삶에 적용하도록 돕기 위해 어떠한 읽을거리를 제공하며, 도움이 될 만한 말이나 설명에는 무엇이 있을까?

이러한 연유로 연구 지침서를 발간하기 시작했다. 바울의 삶에 대한 연속 설교를 하는 동안, 연구 지침서로 인해, 성도들에게 사도행전 후반 전체를 설교하는 데 있어 사도 바울의 삶의 소소한 것들을 말할 필요가 없어졌다. 바울 서신들에 대한 설교를 하는 동안, 전체 성도들에게 그 주에 설교했던 내용과 관련한 본문을 이후 한 주 동안에 읽도록 권하였다. 나는 성도들이 매주 각자 가정에서 실제로 연구 지침서를 참고하지 않거나 서신을 읽지 않으면 설교는 미완성된 것이라고 강조하였다.

매주 설교문이 다 완성되면, 나는 연구 지침서를 만드는 데 한 시간가량을 소비한다. 우리는 지난 해 어느 주일날 아침 사람들이 실제로 연구 지침서를 얼마나 활용하는지 설문 조사를 하였다. 성도 가운데 56%의 사람들이 그것을 매일 또는 정기적으로 사용하는 것으로 나타났다. 56%의 성도들이 성경을 공부하고 있고 설교를 통하여 매일 성장하고 있는 것이다! 연구 지침서는 가치 있는 도구다. 그것을 통해 사람들은 깊은 신앙으로 나아갈 수 있다. 그것을 이용해 매일 저녁 가정 예배를 드리는 가정들도 있다. 주일학교 수업에서는 때때로 그 주 설교를 토대로 교육을 시키며, 자신들의 일터에서 이 지침서를 가지고 성경 공부를 하는 사람들도 있다.

연구 지침서에 대해 마지막으로 한 마디만 더 하겠다. 우리는 매주 그것을 웹사이트에 올려서 먼 지역에 사는 성도들이 다운로드 받아 경건 시간에 사용할 수 있도록 배려하고 있다. 여러분도 흥미를 느낀다면, 우리 교회의 인터넷 홈페이지에 접속하면 된다.

성경 암송

지난 몇 세기 동안 많은 교회들이 간과해 온 중요한 영성 훈련 가운데 하나가 성경 암송이다. 한때, 내가 속한 감리교회 사람들 사이에서는 성경 암송이 정기적으로 이루어졌다. 그러나 오늘날 목회자들은 성도들에게 성경 암송을 권하지 않는다. 바울의 편지에 대한 설교를 할 때, 우리는 바울 서신 가운데 핵심적 구절을 뽑아 성경 암송 카드를 준비하였다. 매주 성경 암송 카드를 주보에 끼워 넣었고, 설교 중간에 그 구절을 두 번 크게 암송하도록 하였다. 나는 그 카드를 자동차의 계기판 앞에 붙여 놓거나 보기 편한 장소에 붙여 놓고는 매일 그 성경 구절들을 암송하도록 하였다. 나는 우리 교회 성도들과 방문객들의 대다수가 실제로 그 구절들을 암송하는 것을 보고 깜짝 놀랐다. 매주 예배를 시작할 때 그 구절을 암송한 사람은 나와 함께 암송하자고 했다. 수많은 사람들이 그 말씀들을 자신의 마음에 새긴 것을 듣고 본다는 것은 참으로 가슴 벅찬 일이다.

여러분은 여러분의 성도들이 성경이나 기독교 신학, 또는 예수 그리스도에 대하여 더 깊이 이해하도록 이끄는가? 여러분은 그들이 영성 훈련을 실천할 수 있도록 돕는가? 여러분은 온전하게 헌신하는 크리스천이 되기 위해 필요한 도구를 제공하는가? 여러분은 그들이 깊은 신앙을 가지도록 도전을 주는가? 이것이 제자 훈련 설교가 하는 역할이다.

새신자들을 그리스도에게로 이끌고 그들이 진정한 크리스천으로서 헌신하게 도울 때에 그 무리의 목자요 목사로서의 역할을 다해야 한다는 사실을 절대로 잊으면 안 된다. 이제 그 무리를 돌보기 위한 설교에 대해 이야기해 보자.

9장　양무리 돌보기

목회자는 목회적 돌봄의 설교로 그리스도가 자녀들에게 베푸시는
치유와 희망, 사랑, 은혜를 전하는 사명을 받았다.

9장

·

양무리 돌보기

목회적 돌봄

부활의교회가 소규모였을 때에는, 내가 회중에게 유일한 목회자였기 때문에 느끼는 즐거움이 있었다. 모든 사람의 이름을 알고, 모든 결혼식과 장례식을 집례하고, 모든 병원 심방을 담당한다는 것은 일종의 특권이었다. 교회 초기에 나는 한 주에 몇 번씩 정기적으로 병원 심방을 갔다. 처음 몇 년 동안 일 년에 6~8번 정도 결혼식이 거행되었고, 장례식은 4~6건 정도 발생했다. 그러나 그 당시에도 나는 주마다 8~10회 정도 성도들과 목회 상담을 했다.

'상담'의 내용은 결혼 생활에 대한 것이 대부분이었고, 우울증이나 자살, 고난, 중독, 불안 등의 문제들도 얼마간 있었다. 교회가 성장함에 따라, 성도들이 직면하는 고통, 시련, 어려움들도 많아졌다. 우리는 성도들에게 매주 헌금함에 기도 요청 카드를 제출하도록 권하였다. 제출한 카드를 읽으면서, 성도들을 목회적으로 돌보아야 할 필요성이 있음을 즉각적으로 깨달았다. 그리고 그 순간 이 성도들을 일 대 일로 돌보아야 하는 것은 아닌가라는 생각에 당혹감을 느꼈던 것도 기억난다.

다행히도 교회에 목회자가 늘어났고, 또한 평신도 사역자를 통해 목회 돌봄 사역을 하도록 훈련시켰다. 그 결과, 성도들을 돌볼 수 있는 능력이 확장되었다. 그렇게 했음에도 대부분의 사람들이 목회적 돌봄을 필요로 하면서도 정작 목회자와 상담을 위한 약속 시간을 정하려 하지 않으며, 결국 위기에 빠져서야 도움을 요청한다는 사실을 알게 되었다. 그리고 매주 예배 때마다 앉아 있는 사람들이 모두 목회적인 돌봄을 받아야 할 문제들을 안고 있다는 것을 깨닫게 되었다. 그 상황에서는 설교만이 그들에게 다가가는 유일한 수단이었다. 나는 목회적 돌봄과 관련된 이슈에 대하여 설교하는 것이 '대중 심리학' 비슷한 '기분 좋은' 설교를 제공하는 것과는 차원이 다르다는 사실을 깨달았다. 성도들이 직면하고 있는 것은 매우 심각한 상황이며, 내가 목회자로서 해야 할 일은 나를 신뢰하고 있는 그들을 잘 돌보는 것이었다.

관계들

'사랑, 결혼, 섹스에 관한 성서적 관점'이라는 제목으로 시리즈 설교를 했던 것에 대해서 언급한 바 있다. 나는 이러한 주제들에 관한 설교를 다시 준비하여 5~6년에 한 차례는 해야 한다고 생각한다.

극심한 고통 가운데 있는 사람들에게 초점을 맞춘 '고기잡이 탐험/목회적 돌봄' 시리즈 설교를 통해 교회에 나오게 된 수많은 사람들은 자신들의 남편/아내와의 관계를 개선하고 싶어했다. 그 설교를 위해 관계에 대한 설문 조사를 한 결과, 성도들 가운데 많은 사람들이 핑크빛 결혼 생활을 시작하였으나 대다수가 결혼 생활의 어려움으로 인해 고통당하고 있다는 사실이 드러났다. 나는 그리스도의 정신이 이들로 하여금 상처내고 끌어내리는 관계가 아닌, 복되고 세워 주는 관계를 살도록 하는 것에 대한 해답을 가지고 있다고 믿는다. 그리스도를 따라 복음적인 삶을 살면, 우리는 자기 중심적인 삶에서 희생적인 사랑의 삶으로 나아가게 된다. 더 나아가서 내가 발견한 또 하나의 사실은, 젊은이들이 건강한 관계를 배울 만한 좋은 모델이 없이 성장한다는 것이다. 문제는 교회 안에서조차 그것에 대해 배우지 못한다는 사실이다. 오늘날 많은 젊은이들이 텔레비전과 영화를 통해 데이트, 사랑, 결혼, 섹스에 대해 많은 것을 배운다. 목회자들에게는 이러한 이슈들에 대해 설교하고 가르칠 책임이 있다.

자살

강단을 통해 언급해야 할 목회적 돌봄의 내용이 결혼 문제만은 아니다. 매주일 앉아 있는 회중 가운데는 지난 주간 자살을 시도하려고 깊게 생각했던 사람이 있을 수 있다. 몇 년 전, 나는 자살에 대한 설교를 했다. 자살에 대한 설교를 했던 이유는 그 당시 우리 지역에서는 중고등학교

학생들이 자살하는 사건이 많이 일어났고, 우리 교회 학생 가운데서도 한 명이 자살하는 일이 발생하였기 때문이다. 자살에 관한 설교를 통해 내가 의도한 것은, 예배 시간에 그 말씀을 선포하는 것뿐 아니라 테이프를 제작 복사하여 성도들에게 준 뒤, 자살을 시도하였던 친구들이나 가족들에게 나누어 주도록 하려는 것이었다.(설교를 녹음한 테이프는 테이프를 제작하는 사역팀을 통해 언제든지 구입할 수 있다.)

목회적 돌봄에 대한 설교 내용은 다른 시리즈 설교들 안에도 포함되어 있다. 전혀 다른 곳에 초점을 두는 설교를 할 때에도, 목회적 돌봄에 대하여 최소한 한 번이라도 언급하고 넘어간다. 목회적 돌봄의 관점에서 했던 설교의 예를 이후에 다시 한 번 언급하겠다. 또한 설교를 통해 성도들을 돌볼 때 주의해야 할 몇 가지 중요한 사안에 대해서도 언급하겠다.

악의 문제

회중이 요구하는 가장 중요한 목회적 돌봄 가운데 하나가, 악의 문제를 둘러싼 신학적이고 영적인 문제에 관한 것이다. 매우 헌신적인 크리스천이라 할지라도 비극적 상황에 놓이게 되면 신앙적 물음으로 괴로워한다. 나는 매해 적어도 네 번은 고난과 신앙에 관련된 문제들을 다루어야 함을 깨달았다. 개개인들이 고난과 관련된 문제를 건강한 방식으로 해결하지 못할 때, 그들은 절망하고 불안해하며 우울증에 빠진다. 성도들은 자신들의 친구들이 암으로 죽어 가거나, 아이들이 자동차 사고로 죽었을 때, 또는 테러리스트들이 수천 명의 무고한 생명을 앗아갈 때, 그러한 순간에 왜 자신들이 하나님을 신뢰해야 하는지 또는 그것을 어떻게 이해해야 하는지에 대하여 목회자로부터 해답을 듣고 싶어 한다.

죽음, 피할 수 없는 운명

비극과 고난을 일리 있게 이해시키고 의미 있고 도움이 될 만한 길을 제시할 수 있다면, 그는 이미 성도들을 양육하는 데 있어 핵심적인 역할을 감당하고 있다고 해도 과언이 아니다. 이러한 문제들과 관련하여, 목회자로서 우리가 해야 할 일은 죽음에 직면한 사람들에게 위로와 희망을 주는 일이다. 인간은 누구나 자연스럽게 죽을 수밖에 없는 현실과 씨름하게 된다. 많은 경우에는 우리가 사랑하는 사람들이 당한 상실과 슬픔에 대해 함께 가슴 아파하기도 한다. 매주 우리 성도들 가운데 몇 명은 부모를 잃는다. 일 년 동안, 평균적으로 3~5가정이 열여덟 살 이하의 아이들을 잃는다. 거의 모든 사람이 한 해 동안에 자신이 아는 누군가가 죽음을 맞이하는 것을 지켜보아야 한다. 죽음은 우리 삶 안에 존재하는 부정할 수 없는 현실이다. 우리는 목회자로서 죽음에서 부활하신 주님을 섬긴다. 그리고 우리에게는 사람들에게 그리스도 안에서 소망을 상기시킬 소명이 있다.

최근에 주류 교파의 목회자들이나 상대적으로 자유로운 교파에 속한 목회자들이 영생에 대한 소망을 시대착오적인 신학적 개념으로 홀대하는 경향이 있다. 신학교 수업 시간에 우리를 가르친 한 조직신학 교수님

말씀을 해방시켜라

이 우리에게 자신은 천국과 사후의 삶을 믿지 않는다고 말했던 것이 기억난다. 기독교 신앙의 중심적 교리 가운데 하나이며, 가장 생명을 주는 교리를 부정하는 것은 너무나 비극적인 일이다! C. S. 루이스(C. S Lewis)는 다음과 같이 말했다. "우리가 죽음에 대해 믿고 있는 것보다 더 우리 삶에 영향을 미치는 것은 없다." 이것과 비슷하게, 우리가 성도들에게 목회적 돌봄을 제공할 때의 최선의 해결점이 우리가 선포하는 복음의 핵심 속에 담겨 있다. 그것은 이 삶 너머에는 새로운 삶의 소망이 있다는 것이며, "이 유한한 삶이 끝나면 영원히 천국에서, 사람의 손으로 지어지지 않은 집을 가지게 된다는 것이다." "죽음이나 생명, 천사나 악마도, 현재 일이나 장차 올 일이나… 우리를 우리 주 예수 그리스도 안에 있는 하나님의 사랑에서 분리시킬 수 없다." "예수는 부활이요 생명이다. 그를 믿는 자는 영원히 죽지 않는다."

십대들을 위하여

이 중요한 관심사에 대하여, 근년에 나는 두 번에 걸쳐 십대들에 대한 목회적 돌봄에 초점을 둔 시리즈 설교를 하였다. 이 설교들을 하면서 그들이 고민하는 문제가 무엇인지 알기 위해 젊은 그룹과 주일학교 프로그램 참여자들에게 설문 조사를 했다. 그 다음 십대 청소년 몇몇을 초대하여 매주 그들과 만남을 가졌다. 그들이 고민하는 문제들에 대해 함께 이야기를 나누면서 그들에게서 설교에 필요한 통찰력과 아이디어를 얻었다.

설교를 통해 명백하게 드러난 사실은 젊은 시절의 문제들은 어른이 되어서도 사라지지 않는다는 것이다. 겉모양만 달라질 뿐이다. 내가 아는 대부분의 성인들은 여전히 부모와의 문제로 씨름하고 있다. 또한 많은 사람들이 알코올이나 마약으로 인해 고통당하고 있다. 섹스와 유혹은 우리 어른의 삶에도 여전히 노출되어 있다. 욕설, 분노, 자살, 우울증, 이 모든 것들이 아이들뿐 아니라 어른들의 삶을 고통스럽게 한다. 설교의 서두는 십대들에 대하여 또는 십대들을 위하여 시작했지만, 설교 메시지 말미에는 동일한 문제로 고통당하는 성인들을 위하여 증거하였다. 이 외에 1~2년 전에 했던, 목회적 돌봄에 대한 설교 주제는 다음과 같다.

· 불안 장애와 공황 발작
· 성직자나 다른 사람들에 의한 성폭력
· 용서하는 법 배우기
· 인터넷 포르노그라프
· 노화
· 강간

돌봄에 대한 주제는 일일이 거론하기 힘들 정도로 많이 있다. 재차 말하자면, 이 많은 주제들이 초점이 다른 설교들 속에 함께 녹아 들어있다.

말씀을 해방시켜라

목회적 돌봄

목회적 돌봄을 위한 설교에 대해 마지막으로 한 마디만 하겠다. 목회적 돌봄을 위한 설교를 위해 정신 건강 분야에 대하여 충분히 공부하고 해석학적 작업을 하는 것도 필요하지만, 더욱 중요한 것은 성도들을 직접 만나 목회적 돌봄을 행하는 일을 계속 하는 것이다. 작은 교회를 섬기는 목회자들은 필연적으로 직접 목회적 돌봄을 행할 수밖에 없다. 그러나 우리 같이 큰 교회에는 의례적으로 목회 돌봄 부서를 담당하는 스태프들이 있다. 그러나 교회가 큰 경우에도, 목회자들이 일정한 시간을 마련하여 목회적 돌봄을 필요로 하는 고통받는 사람들을 만나는 일은 매우 중요하다. 나는 매주 목회적 돌봄을 필요로 하는 사람들 가운데 4~6명을 만난다. 그리고 계속적으로 매달 병원 심방을 한다. 왜냐하면 그것은 영향력 있는 목사 또는 설교가가 되기 위해 반드시 필요한 일이기 때문이다.

우리 중 누구도 단순히 '설교가'인 것만은 아니다. 우리 모두는 그리스도가 당신의 자녀들에게 베푸시는 치유와 희망, 사랑, 그리고 은혜를 나타내기 위해 목회자로 부름을 받았다. 목회적 돌봄을 위한 설교는 우리가 전해야 할 가장 중요한 메시지 가운데 하나다.

전도, 제자 훈련, 목회적 돌봄은 건강한 크리스천과 건강한 성도를 양육하기 위한 초석이다. 그러나 기독교 신앙은 하나님의 은혜를 단순히 우리 자신을 위해 사용해 버리도록 소명을 부여하지 않았다. 우리는 언제나 '축복의 통로가 되기 위해 축복받은 것이다.' 그런 까닭에 우리

의 설교는 성도들을 구비시키고 영감을 주어 세상 안에서 자신들의 신
앙을 펼쳐 나갈 수 있도록 해야 한다.

목회 사역을 위해
하나님의 백성들을 준비시키기

성도를 온전케 하여 세상에 보내는 설교는
성도들이 자신의 삶과 교회,
세상을 향한 하나님의 사명을 감당하게 한다.

10장

목회 사역을 위해
하나님의 백성들을 준비시키기

신약성서 에베소서 4장 11~12절 말씀은, 설교가로서의 사역에 관하여 아주 중요한 말씀을 하고 있다. "그가 어떤 사람은 사도로, 어떤 사람은 선지자로, 어떤 사람은 복음 전하는 자로, 어떤 사람은 목사와 교사로 삼으셨으니, 이는 성도를 온전하게 하여 봉사의 일을 하게 하며 그리스도의 몸을 세우려 하심이라."

온전케 함과 파송

우리는 평신도를 온전케 하여 하나님의 사역을 감당하도록 하는 부르심을 받았다. 헌신적인 크리스천들은 그들의 시간을 내어 하나님을 섬긴다. 그들은 교회 안에서 서로 함께 사역한다. 그들은 세상 속에서

정의와 자비의 행동을 찾아 할 것이다. 그들은 다른 사람들과 자신들의 믿음을 공유한다. 그들은 빛과 소금처럼 살 것이다. 이런 점에서 온전케 함과 파송에 관한 설교는 중요하다. 온전케 함과 파송에 관한 설교는 매년 의도적인 계획 속에서 이루어진다. 이 설교를 통해 성도들은 자신들을 향한 하나님의 부르심을 이해하게 되고, 그 부르신 일을 하기 위해 자신들의 삶을 준비하는 일을 찾게 된다. 더 나아가 이런 설교는 성도들을 고무시켜 자신의 삶과 교회와 세상에 대한 하나님의 사명을 수행하게 한다.

온전케 함과 파송에 대한 설교들은 주로 제자 훈련에 대하여 설교할 때 하게 되는 경우가 많다. 때로는 전체 설교 시리즈가 제자 훈련과 온전케 함·파송일 때도 있다. 모든 설교가 말씀에 대한 응답인 반면에, 온전케 함과 파송 설교는 "특정한 행위"에로 부르는 것이며 그것은 각 개인이 응답해야 한다는 확신에서 온다. 몇 가지 예를 들어 보겠다.

나누는 믿음

부활의교회 성도들은 자신의 친구들을 교회로 데려오는 데 전문가들이다. 그러나 실제로 대다수 사람들에게는 다른 사람에게 자신의 신앙을 이야기하는 것이 그리 쉬운 일은 아니다. 그래서 몇 년 전 나는 설교를 통해 자신의 신앙을 친구들과 나누는 방법을 가르쳤다. 나는 교회 주보 속에 종이 한 장을 끼워 넣었고, 성도들에게 그것을 집에 가져가도록 했다. 거기에는 몇 가지 간단한 질문들과 답이 적혀 있었다. 그것은 그

목회 사역을 위해 하나님의 백성들을 준비시키기

리스도가 그들의 삶에 이룬 변화를 명확히 표현하고 다른 누군가에게 그리스도를 따르도록 초대하는 방법에 관한 내용이었다. 마지막 단계는 그들이 기도해 주길 원하는 친구들을 염두에 두고 그들에게 그리스도에 대하여 이야기할 기회를 찾도록 도전하는 것이었다.

영적 은사들

성도들이 사역을 할 수 있게 하기 위한 온전케 함을 강조하면서, 우리는 성령의 은사들에 대하여 가르쳤다. 그리고 성도들에게 주어진 영적 은사를 발견하도록 이끌었다. 우리는 '영적 은사 발견 과정'(아빙돈출판사에서 「Serving From the Heart」라는 제목으로 출간함)을 수료한 사람들이 증언하는 내용을 담은 비디오를 보여 주었다. 비디오에서 그들은 이 과정이 자신들의 영적 삶에 끼친 영향에 대하여 말해 주었다. 그 다음, 연구 지침서 일부분에 그 수업에서 사용한 질문서 양식을 첨가시켰다. 그것은 그것을 통해 예배 참가자들의 흥미를 불러일으켜 그 과정에 등록하게 하려는 것이었으며, 또한 등록하지 않으려는 사람들도 자신들의 은사를 발견하도록 도움을 주려는 목적에서 비롯되었다.

영적 성장

앞서 언급하였듯이, 매해 우리는 성도들에게 입교 서약에 대해 각인시켜 준다. 그리고 교회 담장 안팎에서 사역할 기회들과 영적으로 성장할 기회에 참여하고 헌신하도록 자극하기 위하여 시리즈 설교를 한다. 2002년에는 목회자들이 서로 분담하여, '평신도의 힘을 해방시켜라' 라는 시리즈 설교를 하였다. 매주 설교는 성장하고 섬길 다양한 기회들에 초점을 맞추었고 그것에 대한 성경적 근거, 도전, 그리고 이 사역들에 참여하고 있는 사람들의 비디오 증언과 구체적인 응답의 기회들을 포함시켰다. 이 설교들은 종종 사역박람회(Mission Fair)와 같이 행해졌다. 사역박람회는 캔자스시에 있는 선교 단체들을 초청하여 교회 현관에 부스를 설치한 뒤, 그들의 사역에 대한 정보와 현재 필요한 자원 봉사자에 대해 홍보하는 행사다. 설교를 들은 후 성도들은 현관으로 가서 그들이 이듬해 자원 봉사할 곳을 찾아본다. 우리 교회 안에서 사역하는 기회를 제공하는 것도 이와 유사한 접근 방식을 취하였다. 여러 리스트 가운데 자신이 가장 원하는 사역을 표기하도록 만든 종이를 매주 교회 주보에 끼워 준다.

현재의 사건들

우리가 한 시리즈 설교 가운데 상대적으로 더 많은 흥미를 불러일으켰던 것은 온전케 함과 파송에 관한 설교와 더불어 제자 훈련에 초점을 맞춘 설교였다. 바로 '복음과 이야기들이 오늘의 뉴스를 만듭니다' 다. 이것에 대해선 5장에서 간단히 언급한 바 있다. 우리의 목적은 부활의 교회 성도들에게 저녁 시간대의 뉴스에 등장한 이야기들을 자신들의 신앙의 견지에서 바라보게 하려는 것이었다. 날마다 뉴스로 방송되는 것들에 대하여 크리스천들이 자신들의 신앙을 실천할 기회로 이해하도록 하려는 것이었다.

이 시리즈 설교를 통해 내가 의도했던 것은, 기독교 윤리를 어떻게 실천해야 하는지, 작금의 문제들에 대해 어떻게 생각해야 하는지, 하나님의 음성에 어떻게 귀를 기울여야 하는지를 가르치고자 하는 것이었다. 매번 이 설교를 전하면서, 성도들이 응답할 수 있는 특별한 기회를 제공하였다. 앞서 말했듯 이 설교는 지역 ABC 방송국, 즉 KMBC의 뉴스 담당 부서와 합동으로 제작하였다. 매주 월요일 아침 우리 교회 예배 계획팀은 전주의 뉴스거리들을 살펴보고 그 가운데서 설교에 쓸 만한 내용을 하나 선별하였다. 그러면 KMBC는 그것에 대하여 자신들이 사용하였던(또는 그들이 사용하지 않았던 다른 자료들도) 영상 자료나 뉴스 그래픽을 우리에게 보내 주었다. 우리는 그것을 토대로 뉴스데스크에서 방송국의 앵커가 읽을 대본을 함께 작성하였다. 이렇게 해서 완성한 2분 동안의 오프닝 멘트는 매 설교의 발판이 되었다. 우리는 이것을 광고용 필름으로 만들어 부활절 아침에 방영하였다. 이 장의 나머지 부분에서는 이 시리즈 설교 가운데 특정 내용에 대해 이야기하겠다.

공립학교 제도

맨 처음 시도했던 것은 캔자스시에서 몇 달 동안 톱뉴스를 장식했던 내용이었다. 설교를 하던 주에는 그 문제가 최고로 고조되어 있는 상태였다. 미주리주 캔자스시의 공립학교 제도에 속해 있는 3만 4천 명의 학생들이 매우 어려운 상황에 처하게 되었다. 연초 캔자스시 공립학교는 주 교육위원회로부터 승인이 거부된 미국 최초의 공립학교가 되었다. 이것에 동요한, 그 지역의 6천여 명의 공립학교 고용인들은 근로 의욕이 현저하게 떨어지고 있었다. 이 설교를 하던 주간에 그 지역의 교육감이 주 교육위원회에 의해 해고당했으며, 그 후 연방 판사에 의해 다시 복귀되었다. 그리고 그 다음 사임하였다. 그는 23년 동안 17번째 교육감이었다. 그 지역은 혼란에 휩싸였다.

우리 교회는 미주리주 캔자스시 지역에서 캔자스주 쪽 경계인 교외에 위치하고 있다. 캔자스시는 미국에서 상위 등급의 학교 시스템을 지닌 학군 중의 하나였다. 사람들은 학교 때문에 우리 교회가 위치한 학군 좋은 교외 지역으로 이사를 왔다. 우리 지역은 1960년대 도심지 핵심에 있던 주택 지구들과 학교들이 흑백이 통합되기 시작한 이후 '백인들의 이동'으로 형성된 교외 지역이다. 우리 교회 구성원 가운데 대부분은 그 당시 어린아이들이었다. 따라서 그들은 그것에 대해 기억하지도 못할 뿐 아니라 이해하지도 못한다.

우리는 다음과 같은 질문을 던지며 설교를 시작하였다. "하나님은 지금 현재 좋은 교육을 받기 위해 몸부림치고 있는 미주리주 캔자스시에 있는 3만 4천 명의 학생들에게 관심을 가지고 계시는가? 하나님은 학교에서 종사하는 6천 명이 넘는 선생님들, 행정 직원들, 일하는 사람들에게 관심을 가지고 계시는가? 하나님은 이러한 위기 속에서 우리가 무슨 일을 하길 원하시는가?" 나는 계속적으로 설교를 통해 역사 속에서 공공 교육에 영향을 끼쳤던 감리교인들에 대해 이야기하였다. 매우 흥미

목회 사역을 위해 하나님의 백성들을 준비시키기

롭게도 미주리주 캔자스시에 있는 공립학교들은 감리교 설교가와 웨스트포트 감리교회를 근거지로 시작되었다. 이와 더불어, 캔자스주 쪽에 있는 첫 학교들은 감리교회의 샤니(Shawnee) 인디언 선교를 목적으로 시작되었다.

초기 감리교인들에게 아이들을 위해 학교를 시작하도록 동기를 부여한 성경 구절들을 살펴본 후에, 도시 중심가에 있는 학교들을 치유하고 격려하기 위해 하나님을 대신해 우리가 교회로서 할 수 있는 일이 무엇일까를 살펴보았다. 나는 우리 교회에 출석하는 선생님들에게 그들이 섬기는 외곽 지역 학교를 떠나 빈민 지역인 도시 중심에서 봉사할 것을 제안하였다.(실제로 그렇게 한 선생님들이 있었다.) 우리는 교회의 십대들에게 문제 많은 도심지의 학교 선생님이 되라는 하나님의 부르심에 대한 대답을 고려해 볼 것을 제안하였다. 그 다음 헌금 바구니를 돌리며 설교를 마무리하였다.(우리는 예배 전에 이미 헌금을 거두었다.) 사람들은 우리가 헌금을 두 번 걷는다고 생각하였다. 그러나 우리는 헌금 바구니에 돈을 넣지 말고, 바구니에서 무언가를 집어 들라고 하였다. 우리 교회의 '선교와 지역 사회 봉사팀' 담당자와 그 팀원들은 6천 명이 넘는 모든 지역 공립학교의 고용인들의 이름, 직분, 학교, 학교 주소를 수집하여서는 그들의 이름과 우리가 그들을 어떻게 돕고 격려할 수 있는지를 카드에 기록하였다. 이 카드들이 헌금 바구니 속에 들어 있었던 것이다. 예배에 참석한 사람들은 모두 한 장씩 집어 들었고, 예배 때 그들을 위해 기도했다. 그 다음 그 카드를 집으로 가져가 이제껏 그들이 자신들의 아이들을 돌봐 준 것에 대해 감사하다는 뜻과, 우리가 그들을 위해 기도하고 있으며 어떠한 형태로든 우리가 줄 수 있는 도움을 주고 싶다는 내용의 편지를 써서 보냈다.

내가 이러한 내용에 대해 선포하였을 때 회중은 어안이 벙벙하여 침묵하였다. 어떤 사람은 울기도 하였다. 카드는 나누어졌고 사람들은 기도를 시작하였다. 그 주 금요일쯤 교회 사무실에 다양한 이야기들이 쏟아져 들어왔다. 우리 교회 성도들은 그들에게 도움을 주고자 전화번호를 동봉하였고, 선생님들은 그들에게 전화를 걸어왔다. 첫 주에 수많은 성도들이 교실의 자원 봉사자로 참여하였다. 한 남성은 자신의 회사 전체를 처분하고 한 학교를 인수하였다. 우리 교회의 선교 부서의 한 팀은 또 다른 학교를 인수하였고, 학교에 필요한 것들을 제공하겠다고 약속하였다. 어떤 사람은 아이들을 위해 장학금 기금을 조성하기도 하였다. 지방 뉴스 스테이션에서는 한 학교로부터 우리가 한 일을 전해 듣고는 우리 교회의 이야기를 보도하기도 하였다. 이 모든 일들이 첫 설교 후에 일어났다.

사실 이 사건은 설교에 얽힌 가장 드라마틱한 이야기다. 그러나 매 설교는 그런 방식으로 구성되었다. 뉴스 이야기를 전하고, 그것을 복음과 연관시키며, 구체적이고 특별한 방식으로 응답하도록 초대하는 것이다.

자연 보호

다음 이야기에는 하늘을 치솟는 휘발유 가격에 대한 이야기가 담겨 있다(휘발유 가격은 그 당시에만 50%나 상승한 상태였다.). 나는 설교 서두에

목회 사역을 위해 하나님의 백성들을 준비시키기

서 우리가 사는 별에 대한 하나님의 궁극적인 요청인, 지구의 청지기가 되는 것이 무엇을 의미하는지에 대하여 말하였다. 그리고 제자 됨과 자연보호 사이의 관련성을 고찰한 뒤, 이러한 문제들에 대하여 하나님이 염려하시는 것에 대해 살펴보았다.

우리는 성도들에게 그들이 현재 타고 다니는 자동차에 대해 묻고 나서, 다음번에 자동차를 살 경우 10% 정도 연료를 절감할 수 있는 자동차를 사는 것에 대하여 함께 생각해 보았다. 우리는 EPA 공식에 따라 계산해 보았다. 우리 성도들이 현재 사용하는 자동차가 갤런당 평균 17마일을 움직인다고 할 때, 각자가 연비를 10% 올리면 다음번 구입할 자동차는 갤런당 18.7마일을 주행하게 된다. 그렇게 되면 우리 공동체는 일 년 동안 22만 2천 갤런의 휘발유를 절약하게 된다. 더불어 CO_2는 줄이고, 4천5백만 파운드를 모으게 된다. 그것을 따르기 위해 나의 아내 라본과 나는 우리가 끌던 스포츠용 혼다 CRV를 팔아버리고 새로 구입하였다. 우리는 그 차를 우리 교회 입구 중앙의 맨 앞에 단독으로 주차하였다. 나는 성도들에게 지금 사용하는 차보다 연비가 10% 정도 좋은 차를 구입함으로써 10% 연료 사용을 줄이면 어떻겠느냐고 제안하였다. 18개월 뒤 한 목회자 그룹이 미국인들에게 '예수님이라면 무슨 차를 이용하실까?(What would Jesus drive?)'를 묻는 캠페인을 구성하였다. 우리 성도들은 우리 교회가 일 년 반 전에 이 문제를 다루었다는 사실에 대해 자랑스러워했다.

모든 사람들이 이 설교를 좋아한 것은 아니었다. 신앙과 환경의 관련성에 대한 설교를 하자, 어떤 사람은 내게 정신이 돌았다며 분개하였다.

말씀을 해방시켜라

이러한 문제들은 설교거리가 되지 못한다며 화를 내는 이메일을 몇 통 받기도 했다. 그러나 많은 사람들로부터 용기를 얻었다는 말을 들었다. 이어질 설교에서도 지금 말하는 내용이 반복될 것이다. 이 시리즈 설교의 핵심 포인트는 예수 그리스도의 제자가 되는 것은 자원을 소비하는 것과 우리가 살아가는 행성에 대해 어떻게 해야 하는가와 같은 우리의 삶의 모든 영역들과 관계가 있다는 것을 말해 주는 것이었다. 나는 우리 교회 성도들이 뉴스거리들을 볼 때마다, '이 일과 크리스천이 되는 것은 어떤 관련이 있을까?' 라고 말하길 원했다.

제자 됨의 대가

다음 이야기는 캔자스 선교사인 마틴과 그레시아 번햄에 관한 것이다. 마틴과 그레시아 번햄은 필리핀에서 반군들에게 사로잡혔다.(마틴은 이후 살해당했고, 그레시아는 붙잡혀 있다가 도망쳤다.) 우리는 제자 됨의 대가에 대하여 이야기했다. 세상에 대한 그리스도의 선교를 돕는다는 것은 무엇을 의미하는 것일까? 예수 그리스도의 제자에 속하기 위해 어떠한 대가를 치러야 하는 것일까?

전쟁

2001년도 현충일(Momorial Day) 바로 전주의 화제의 뉴스는, 지역적으로나 국가적으로 진주만 50주년 기념식에 관한 것이었다. 이 행사에

목회 사역을 위해 하나님의 백성들을 준비시키기

대한 관심은 할리우드 영화인 '진주만'의 개봉으로 인해 증폭되었다. 우리는 영화가 개봉되기 전에 영화 필름을 구할 수 있었다. 그 주간 내 내 오프닝 뉴스 기사는 일본의 진주만 공격을 50번째로 기념하는 내용 이 계속 보도되었다. 이것은 전쟁에 대한 전반적인 생각을 심도 깊게 이 야기할 수 있는 기회가 되었다. 그리고 특별히, 정당한 전쟁에 대한 이 론을 살펴볼 수 있었다. 이 설교에서 우리는 현재 우리 교회의 성도이며 미연합감리교회를 은퇴하신 두 분의 목회자를 인터뷰하였다. 한 분은 2 차대전시 공군 조종사였고, 한 분은 전쟁 중 문관으로 사역했던 분이었 다. 이 설교 속에서 말한 행동을 위한 유일한 요청은 결론의 내용이었 다. 그것은 2001년 9월 11일 테러 사건의 네 달 전이었다.

당신은 '언제 전쟁이 정당화되며, 정당한 전쟁이 가능한가?'라는 이 슈에 대하여 왜 관심을 가져야 하는지를 묻고 있는 것 같다. 왜 이것이 설교의 주제가 되는가? 정당한 전쟁에 대한 생각은, 크리스천들이 힘의 사용이 정당화되는 것에 대한 고민을 돕기 위해 교회 안에서, 신학자들 에 의해 성립된 것이다. 오늘 나는 우리가 앞으로 몇 년 후 언젠가는 국 가가 바로 이 문제에 직면할 날이 올 것이라는 것을 확신할 수 있다. 전 쟁에 대해 당신은 크리스천으로서 무엇을 믿는가를 알 필요가 있을 것 이다. 이 자리에 있는 사람들 중에, 그리고 당신의 아들과 딸들 중에 싸 움에 불려나갈 자들이 있을 수 있기 때문이다.

2001년 미국에 대한 공격 이후에, 수백 명의 사람들이 이 테이프를 요구하였다. 그리고 정당한 전쟁에 대한 이슈는 2002년 전반에 걸쳐 그리고 그 후에도 계속되었다.

은퇴에 대한 오해

시리즈 설교를 하면서 마지막으로 우리가 강조한 이야기는, 105번째 생일을 맞이한 아드리 스트워트(Audrey Stewart) 할머니에 대한 다소 기쁜 뉴스였다. 지방 신문에 따르면, 그녀는 105살임에도 불구하고 여전히 파트타임으로 일하고 있었다! 그녀가 자신의 삶과 자신의 일에 대하여 말한 내용들은, 미국 사람들이 은퇴와 관련해 가지고 있는 잘못된 생각에 대해 이야기할 절호의 기회를 주었다.

우리 교회 성도들 가운데 많은 사람들이 50대나 60대 초반에 은퇴할 것이라고 이야기한다. 그러면서 은퇴 후 골프를 치거나 세계 여행을 할 계획을 세운다. 나는 성도들에게 은퇴란 무엇인지 재고해 볼 것을 제안하였다. 은퇴는 단순히 말해 더 이상 돈을 벌기 위해 일하지 않는다는 것을 의미한다. 그러나 이제 당신은 더 이상 하나님을 섬길 시간이 없다고 핑계대지 못한다는 것도 의미한다! 우리는 재능 있는 사람들이 55살에 은퇴하여 나머지 시간들을 잔디 위에서 하얀 공이나 구멍에 넣고 있는 것이 얼마나 비극적인 일인지에 대하여 말하였다. 그리고 우리 삶에 대한 하나님의 부르심에 대하여 말하였다. 그 부르심은 55살이나 65살 또는 75살이 되어도 멈추지 않는다. 이 지점에서 우리는 성경 본문으로 들어가 나이와 상관없이 하나님의 나라를 위해 위대한 영향을 미쳤던

목회 사역을 위해 하나님의 백성들을 준비시키기

사람들에 대하여 살펴보았다. 아브라함과 사라는 그들의 나이 90대에 하나님의 부르심을 받았다. 모세가 이스라엘을 노예 생활에서 인도해 냈을 때 그는 이미 오래 전 은퇴한 상태였다. 엘리야 또한 바알의 제사장들과 싸울 때 늙은이였다. 바울도 신약성서 절반 이상을 저술할 당시 50대나 60대였다. 요한도 자신의 이름으로 5권의 책을 기록할 당시 80~90대였다. 기독교 역사 통해, 지도자들 가운데 어떤 이들은 그들이 큰 영향력을 미쳤던 때가 삶의 중반을 넘은 상태였다. 이 설교를 통해 나는 성도들에게, 은퇴 후 할 일에 대해 세운 계획을 재고하도록 도전하였다. 물론 골프를 치거나 여행하는 것도 좋은 일이다. 그러나 하나님 나라를 위해 일할 가장 멋지고 생산적인 날들이 바로 은퇴 이후에 찾아올지는 아무도 모르는 일이다!

각각의 설교에 대해 필요 이상으로 말한 바는 있지만, 나는 여러분이 어떻게 성도들을 구비시키고 영감을 불어넣으며, 그들을 하나님이 보내신 선교 현장으로 파송하며, 하나님을 섬기고 하나님 나라에 영향을 미칠 수 있게 할까를 생각하는 데 도움을 주고 싶다.

말씀을 해방시켜라

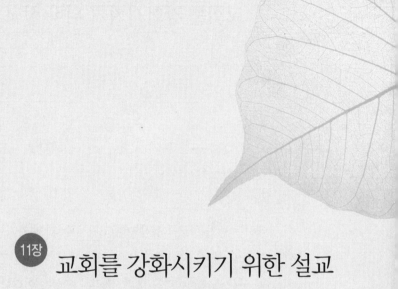

11장 교회를 강화시키기 위한 설교

교회 공동체를 건강하게 하는 설교는 미묘하면서도 중요한 주제를 다룬다.
교회의 생명력과 건강을 위하여 가끔씩 선포할 필요가 있다.

11장

교회를 강화시키기 위한 설교

이 장에서는 내가 설교를 통해 이루고자 하는 다섯 가지 목표 가운데 마지막 목표에 대해 말하겠다. 나는 1장에서 이것을 제도적 개발 (institutional development)이라고 했다. 그러나 사실은 이러한 설교를 '교회를 강화시키기 위한 설교'라고 말하는 것을 더 좋아한다. 내가 선포하는 대부분의 설교는 예배자들을 강하게 하고, 용기를 주며, 온전케 하는 것에 목적이 있다. 그러나 이 장에서 말하고자 하는 설교는 특별히 교회 공동체를 건강하게 하는 데에 초점을 두고 있다. 이 설교들은 대개 성도들의 개인적 차원을 요구한다. 따라서 그것은 종종 제자 훈련 설교일 때도 있고 때로는 온전케 함·파송 설교일 때도 있으나, 반드시 복음 선포적인 설교라고는 할 수 없다. 이러한 설교는 교회에 필수적으로 요구된다. 이러한 설교를 하지 않으면, 교회 공동체가 실질적인 어려움에 봉착할 수 있다. 때로 그러한 어려움은 처음에 식별하기 어렵다.

내가 지금 말하고 있는 설교는 어떠한 내용을 담고 있는가? 특별히, 교회의 리더로서 하는 설교는 하나님이 미래에 교회를 어디로 부르시는 가에 대한 비전을 제시한다. 또한 교회가 현재 당면하고 있는 이슈들을 말해 준다. 일례로 청지기 사역에 대한 설교가 있을 수 있으며 건물을 짓기 위해 돈을 모금하거나 교회 운영 기금을 늘리기 위해 의도적으로 하는 설교도 있다. 만일 이러한 이슈에 대해 설교하지 않으면, 교회가 가질 수 있고 또 가져야 하는 생명력과 건강함을 절대로 얻을 수 없다. 동시에 이러한 설교는 가끔씩만 선포되어야 한다. 교회 자체에 대해 너무 많이 설교하게 되면 교회의 내부 문제에만 집착하는 제도적 마음-상태를 지닌 성도들을 양산하게 되기 때문이다.

우리가 이처럼 미묘하고도 중요한 이슈에 대해 접근하는 방식 몇 가지를 살펴보겠다.

돈에 대한 설교

부활의교회에서는 9년 동안 다섯 차례의 기금 모금 캠페인을 했다. 이 중 세 번은 전체 회중을 상대로 했고, 나머지 두 번은 이 전의 캠페인에 동참하지 않았던 천 명 조금 넘는 성도들을 대상으로 했다. 이에 덧붙여, 거의 매해 가을에 우리는 재정의 청지기직에 대해 특별히 강조한다. 그것은 연례 헌금 약정 캠페인과 맞물려 있다. 대부분의 목회자들에게 있어 돈을 모금하는 일은 사역 가운데 가장 곤욕스러운 일이다. 많은 목회자들과 마찬가지로, 나 또한 재정이나 청지기직에 대한 설교를 하는 것보다는 다른 여타 설교들을 하는 것이 더 좋다. 그러나 내가 아는 사실은, 내가 이 부분들에 대하여 효과적으로 설교하거나 이끌지 못한 다면, 절대로 하나님이 요구하시는 교회가 될 수 없다는 것이다. 설교하 는 목회자로서, 여러분은 여러분이 섬기는 교회의 최고 개발 책임자다. 이러한 설교를 하는 것도 사역의 일부다.

나의 책 「Leading Beyond the Walls」(아빙돈, 2002)에는 우리가 교회에 서 어떻게 청지기직 캠페인을 했는지에 대한 정보가 자세히 나와 있다. 현재의 논점과 관련하여, 돈을 모금하는 데 있어 필수적인 몇 가지 핵심 적인 원리들을 배우게 되었는데 그것에 대해 말하고자 한다.

첫째, 사람들은 비전에 대해선 돈을 내지만 교회 예산을 위해선 내지 않는다는 것이다. 부활의교회에는 부활의교회만의 세 가지 비전이 있 다. 그것은 하나님은 우리를 부르셔서 다가올 미래에 대해 주의를 기울 여 집중하도록 하셨다는 믿음이다. 그 첫 번째는 아마도 다른 교회들이 접근할 수 없는 비종교적이고 명목상으로만 종교적인 사람들에게 다가 가는 일이다. 그리고 그들이 헌신적인 크리스천이 되도록 돕는 것이다. 이에 관해선 우리의 목적 선언문을 통해 이미 어느 정도 들었을 것이다. 두 번째 비전은 우리의 공동체를 변화시키는 것이다. 우리의 믿음은 지 금으로부터 20년 정도가 지나면 캔자스시가 상당히 다른 장소, 즉 캔자 스시의 도덕적 가치들과 문화가 좀 더 하나님 나라와 같이 변하게 될 것 이라는 것이다. 왜냐하면 우리가 지금 여기에 있기 때문이다. 세 번째 비전은 하나님이 우리를 주류 기독교 교파들을 갱신하는 촉매제로 사용 하실지 모른다는 것이다. 주류 기독교 교파들은 지난 20세기 말부터 전

말씀을 해방시켜라

반적으로 쇠퇴하여 왔다.

우리는 최근 기금 모금을 끝냈다. 이 모금을 통해, 새로운 건물을 짓기 위해 3년 약정으로 2천8백만 불을 모금하였다. 이 모금은 2002년 불경기 기간 동안에 행해졌다. 우리는 건축 도안을 완성하기도 전에 기금을 모금하였다. 우리는 기금 모금을 하는 동안에도 여전히 건축에 대해 계획안을 짜고 있었다. 그러나 우리와 성도들은 모두 사실상 건물을 짓는 데 돈을 내고 있지 않다는 사실을 알고 있었다. 사람들은 결코 건물을 짓는 데 큰 희생을 감수하고 싶어하지 않는다. 그러나 그들은 세상을 바꾸는 비전에 대해서는 과감히 희생하려 한다. 우리의 모금에서, 건물은 그러한 비전을 완성하는 데 도움을 주는 하나의 도구에 불과하였다. 건물이 최종 목적이 아니었다. 오히려 목적을 이루는 데 필요한 수단이었다. 그렇기에 설교와 기금 모금은 건축을 위한 벽돌이나 회반죽이 아니라 사역과 비전에 초점을 맞추었다.

나는 성도 한 명이 자신과 그의 부인이 20만 불을 모금에 기부하였다고 말하던 때를 기억한다. 그는 말하길, "목사님, 당신도 알다시피 우리는 다양한 프로젝트를 후원하고 있습니다. 하지만 이 액수를 기부할 수 있도록 우리를 움직인 것은, 우리가 내는 돈이 실제로 다른 교회들이 새롭게 되는 데 도움을 줄 수 있다는 꿈 때문입니다. 저는 부활의교회에 오기 전에 루터교 교회에 다녔습니다. 저는 제가 전에 속했던 교파와 주류 교회들이 새롭게 되는 모습을 보고 싶습니다." 그는 건물 짓는 일에 대해선 한 마디도 하지 않았다. 그는 비전을 위해 돈을 지불한 것이다.

여러분도 설교가로서, 여러분의 교회가 자력을 가지고 할 수만 있다면 그 일로 인해 세상이 어떻게 달라질 수 있는지에 대하여 비전을 제시할 수 있어야 한다. 성도들은 여러분의 비전이나 열정, 그들을 희생적으로 이끌어 가려는 의지를 보기 원할 것이다. 십일조를 내지 않으면서 십일조 설교를 할 수는 없다. 기금 모금이나 선교 헌금, 또는 다른 어떤 특별한 헌금에 희생하도록 하는 설교를 하기 위해서는 여러분이 먼저 기꺼이 희생하여야 한다.

기금을 모으는 분야에서 체험된 이야기들은 매우 중요하다. 여러분의 교회의 노력으로 인해 변화되었거나 변화될 가능성이 있는 실제 사람들에 대하여 이야기하는 것은 필수 사항이다. 때로는 비디오를 통해 이것을 효과적으로 표현할 수 있다. 그러나 때로는 여러분이 유능한 전달자가 되어야 한다. 나는 대단한 간증거리를 가진 사람들을 보았다. 그러나 그들 중 대부분은 카메라 앞에서 감동적으로 자신들의 이야기를 하지 못했다.

둘째, 돈에 대한 설교에 있어 중요한 요소는 유머다. 유머는 때로 돈에 대하여 이야기할 때, 우리 모두가 느끼는 불편함을 우스운 이야기로 자연스럽게 떨쳐버리게 할 수 있다.

셋째, 십일조와 청지기직은 제자 됨의 문제라는 확실한 신념이 여러분에게 있어야 한다. 이와 같은 견지에서, 여러분의 성도 가운데 그리스도에게 신실하며 하나님의 뜻에 순종하길 원하는 사람일수록 헌금에 대한 설교에 훨씬 더 개방적으로 마음을 열 것이다.

마지막으로, 특별히 건물을 짓는 데 필요한 희생적 헌신을 요구하거나 헌금에 대한 설교를 할 때 사람들이 불평할 수 있다는 것을 인정해야

말씀을 해방시켜라

한다. 이러한 설교를 할 때 가장 큰 소리로 불평하는 사람들은 대개 자신들이 기부할 형편이 안 된다고 느끼거나 죄책감으로 불편한 사람들이다. 기금 모금이 어떠한 목적을 위해 하는 것인가 알아보거나 수용하는 대신, 그들은 그 프로젝트나 이유를 무조건 거부한다. 물론 이런 사람들의 말을 듣고 여러분이 해야 할 일을 멈출 수는 없는 일이다. 하지만 여러분은 이런 사람들의 말에 귀를 기울여야 한다. 그들이 교회의 핵심 리더들이라면, 이러한 현상은 여러분이 그 프로젝트 실행을 위한 지도력 발휘의 기초공사를 하지 못했다는 것을 드러내는 것일 수 있다. 그들이 핵심 지도자가 아니라 하더라도, 여러분이 간과한 중요한 무언가가 있지 않은지 그들의 비평에 귀 기울여 들어야 한다. 그러나 일단 다 들은 다음에도 여러분이 이끌고자 하는 방향이 옳다는 확신이 여전히 있다면, 계속 진행해 나가야 한다. 언제나 불평하는 사람들은 있게 마련이다. 그러나 그들도 비전이나 신앙심이 부족하든지 그 프로젝트를 뒷받침할 재력이 부족하기 때문에 불평을 하는 것이지 본심은 아니므로 그들까지도 수용하고 계속 나아가야 한다.

지금은 은퇴하였지만 한때 오클라호마주 털사에 있는 제일연합감리교회의 목사였던 짐 버스커크(Jim Buskirk)가 한 말을 기억한다. 나는 그 말을 지금까지도 음미한다. 자세히 기억나지 않아 정확하지 않은 부분도 있지만, 그 이야기를 함께 나누고자 한다. 짐과 친구 목사들 몇 명이 콜로라도에 스키를 타러 갔다. 그들은 어느 산자락 밑에 위치한 멋진 산장에 여장을 풀었다. 그들이 여장을 푼 산장 뒤의 산자락에는 산으로 올라가는 리프트도 없었고 스키를 타는 사람이 한 사람도 보이지 않았다.

일행 가운데 한 명이 산을 올려다보면서 말했다. "이봐, 친구들! 스키를 가지고 이 산을 걸어 올라가야겠어. 아무도 밟지 않은 환상적인 눈이야. 아직까지 한 사람도 스키를 타러 온 사람이 없나 봐. 쉽지는 않겠는 걸. 하지만 스키를 타고 내려오는 걸 상상해 봐." 몇 명이 한 목소리로 말하였다. "좋아, 그렇게 하자구." 그러나 짐과 또 다른 한 친구는 말하였다. "다들 정신이 나갔군. 바른 정신을 가진 사람이라면 스키를 타고 내려올 때 느끼는 잠깐의 쾌락을 위해 스키와 부츠를 짊어지고 산 중턱까지 기어 올라가진 않을 거야. 우리는 여기 화로 옆에서 커피를 마시고 있을 테니, 자네들은 가서 스키를 타라고!"

다른 목사들은 모험을 하기로 결정했다. 그리고 짐과 그의 친구 목사는 그 후 30분 동안 친구들이 스키, 부츠, 스톡을 어깨에 짊어지고 산 능선을 올라가는 것을 지켜보았다. 그 시간 내내 두 목사는 화로 옆에 앉아 자신들이 참 잘했다고 자축하며 산을 오른 친구들의 어리석음에 대해 이야기를 나누었다. 그러나 한참 뒤 그들은 친구들이 아무도 스키를 타 보려 시도하지 않았던 곳에서 스키를 타고 내려오는 모습을 보게 되었다. 산장에 돌아왔을 때, 그들은 소리치고 웃으면서 자신들의 위대한 모험에 대해 이야기하였다. 짐은 말하길, "내 친구와 나는 그들이 크게 만족스러워하며 경험한 일에 대해 말할 때 아무 말도 하지 못했어요. 그때 그들 중 한 사람이 나를 보며, '짐, 너는 우리 휴가 일정 가운데서 최고로 좋은 것을 놓친 거라고!' 하고 말하더군요."

이 이야기에 대해 반론의 여지가 많다는 것을 인정한다. 하지만 내가 이 이야기를 한 것은, 우리가 여러 번 재정 모금을 했을 때 성도들에게 이 이야기를 해 왔기 때문이다. 그리고 나는 성도들에게, "여러분 가운데는 태생적으로 화로 옆에 앉아 있기를 좋아하는 성격을 지닌 사람도 있을 것입니다. 이 프로젝트가 여러분을 무척 두렵게 할 것입니다. 매우 과중하게 느껴질 것입니다. 그것을 하지 않을 수만 가지 이유를 생각해 낼 수도 있겠지요. 그러나 나머지 사람들은 이것이 하나님이 이끄시는 길이라고 느끼고 있습니다. 그러한 까닭에 여러분이 함께 가길 원하지 않아도 괜찮습니다. 여러분은 우리가 이 거대한 산을 탐험하고 있는 동안 우리에 대해 이야기를 나눌 수도 있을 것입니다. 그러나 내가 염려하는 것은, 우리가 산 뒤쪽으로 넘어갔을 때, 그리고 거기서 새로운 건물을 축하하기 위해 리본을 자르고 있을 때, 그리고 그러한 일들로 인해 수천 명의 사람들의 삶이 변화되었을 때, 그래서 그 일로 인해 우리가 축하를 하고 있을 때, 여러분이 그 멋진 경험을 함께하지 못한다는 것입니다."

기금 모금에 대해 한 마디만 더 하겠다. 여러분의 교회가 분명하고 중요하며, 성서적 목적에 맞는 일을 향해 일할 때, 그리고 여러분이 어떻게 기금을 모을 것인지를 정확하게 제시할 수 있을 때, 기금을 조성하는 일은 훨씬 더 쉬워진다. 그리고 그 목적 또한 더 쉽게 이루어진다.

목적에 대한 설교

이제 기금 모금에서 방향을 돌려 교회를 강화시키기 위한 두 번째 종류의 설교로 옮겨가 보자. 그것은 교회의 목적에 초점을 둔 설교다. 이 시점에서 나는 릭 워렌 목사의 책 「목적이 이끄는 교회」가 아직까지는 일반 교회의 회중(local congregation)을 위한 가장 중요한 지침서라고 본다. 워렌은 대부분의 성장하는 교회의 목회자들이 쓰고자 했던 책을 저술하였다. 그가 가진 기본적 전제는 성경 자체만큼이나 오래된 것이다. 한 그룹의 사람들이 공통의 목적이나 동기를 중심으로 연합할 때 놀라운 일이 일어날 수 있다는 것이다. 특별히 그 사람들이 성령의 능력을 받았을 때와 그 동기가 하나님의 일을 추구할 때 놀라운 결과를 만들어 낸다. 건강한 교회는 그들의 목적에 대한 명확한 청사진을 가지고 있다. 그리고 리더의 역할은 성도들이 성서적 명령을 발견하고 주장할 수 있도록 도와주는 것이며 그것을 계속적으로 상기시켜 주는 것이다. 워렌 목사는, 성경의 느헤미야 이야기를 통해서 교회가 설교나 그 밖의 방법을 통해서 적어도 한 달에 한 번은 자신의 목적을 상기할 필요가 있다고 주장한다.

부활의교회에서는 정기적으로 다양한 형식의 설교들 속에서 우리의 목적을 언급한다. 그러나 적어도 일 년에 세 번은 성도들에게 우리 교회의 목적을 명확하게 상기시키는 데 초점을 맞춘 설교를 한다. 목적을 위해 성령과 사역을 통해 얻은 감동스런 이야기들로 회중의 열정에 불을 붙여야 한다. 지난번 우리의 목적에 대한 설교를 했을 때 리더 가운데한 명이 나를 찾아와 말하길, "내가 이끄는 사역 부서는 서로 사이가 매우 안 좋았어요. 그로 인해 사역이 하나도 재미가 없었지요. 우리가 왜이 일을 해야 하는지 의미를 상실했지요. 그런데 목사님 설교를 들으면서 우리의 열정을 다시금 불태우게 되었어요. 우리가 왜 이 일들을 해야

말씀을 해방시켜라

하는지 그 이유를 다시 한 번 생각하게 되었답니다. 이 한 편의 메시지가 저에게 다시 예전의 마음으로 되돌아가 일하도록 깨닫게 해 주었어요!" 이 여성은 주님을 섬기고 있는 성도 누구에게나 일어날 수 있는 일을 말했을 뿐이다. 성도들은 지쳤고 흔들리며 그들이 지금 하고 있는 일들을 왜 해야 하는지 잘 잊어버리는 경향이 있다. 리더의 일은 사람들에게 자신의 목적, 즉 성서적 명령을 상기시켜 주는 것이다. 그리고 그것을 할 수 있도록 힘을 북돋아 주는 것이다. 교회의 설교하는 목회자로서, 여러분은 그러한 리더가 되어야 한다.

교회를 강화시키기 위한 설교에 대하여 마지막으로 한 마디만 상기할 것이 있다. 이러한 설교들은 일 년 동안 하는 설교 가운데 10~15퍼센트 정도만 해야 한다. 더 많이 하거나 더 적게 해도 성도들은 그 말씀에 대해 흥미를 느끼지 못한다.

교회를 강화시키기 위한 설교

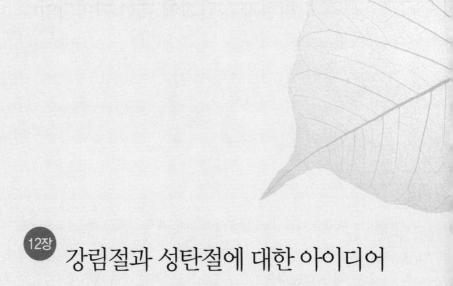

12장 강림절과 성탄절에 대한 아이디어

강림절과 성탄절을 창조적으로 보낼 수 있는 아이디어와
크리스마스 이브 설교의 힌트를 소개한다.

12장

강림절과 성탄절에 대한 아이디어

해마다 다음 24개월에 대한 설교 계획을 세울 때, 설교를 개발하기 위해 특별히 신중을 기울이는 한 달, 한 절기가 있다. 12월, 강림절 절기다. 나는 12월 강림절의 주제들을 강조하는 것이 매우 중요하다고 생각한다. 그리스도의 탄생을 올바르게 축하하기 위해 준비하며, 이에 덧붙여 그리스도의 다시 오심에 대한 약속을 준비하게 하는 일은 매우 중요하다. 나에게 주어진 과제는 강림절을 창조적이고 신선하게 접근하는 방법을 찾는 일이다. 또한 크리스마스 이브와 부활절 설교를 준비하는 것도 내가 풀어야 할 숙제다. 이야기는 매해 똑같다. 이 사건들에 대하여 새롭게 이야기할 만한 것은 없을까? 또는 성도들이 이제껏 들어보지 못한 새로운 접근 방식은 없을까? 이날이 일 년 중 가장 많은 사람들이 예배에 참여하는 날이라는 사실과 연관시켜 이러한 생각을 해 보았다. 그때 나는 이것이야말로 예배에 있어 영감의 부족이나 창조성에 대한 완벽한 처방이라는 것을 발견하였다.

여러분도 이와 똑같은 감정으로 몸살을 앓았을 것이다. 그런 의미에서, 강림절을 창조적으로 보낼 수 있는 몇 가지 아이디어와 크리스마스 이브 설교를 위한 힌트를 몇 가지 주고 싶다. 그 전에 잠시, 교회력에 대해 잘 모르는 독자들을 위해 강림절의 역사적 배경과 핵심 사상에 대해 몇 가지 살펴보겠다.

초대 교회에서 부활절은 기독교인들에게 가장 핵심적인 시간이었다. 부활절을 준비하기 위해 신자들은 금식하고 기도하며 자신들의 삶을 그리스도에게 다시금 헌신하였다. 부활절이 언제 생겨났는지에 대해서는 확실치 않다. 그 유래가 유대인의 유월절에까지 거슬러 올라갈 수 있기 때문이다. 추측컨대 예수의 탄생을 기념하는 일이 3세기 이전에는 없었던 것으로 보인다. 현재, 크리스마스, 즉 그리스도의 탄생을 각기 두 날짜에 지킨다. 정교회는 크리스마스를 1월 5일에 지키고, 서구 개신교와 로마 가톨릭 교회들은 12월 25일에 지킨다. 380년경(좀 더 이른 시기일 수도 있다.) 어느 한 지역에서는 성직자들이 성도들에게 그리스도의 탄생을 기념하기 위해 준비시키는 차원에서 금식을 권하였다. 이때 금식 기간은 본래 수난절의 40일과 맞먹는 40일 동안이었으나, 이후에 4주로 바뀌었다. 시간이 지나면서 강림절과 크리스마스가 교회력 가운데 가장 사랑받는 절기가 되었다. 그 절기들은 교회에 새해가 시작됨을 표시한다. 부활의교회에서는 대개 크리스마스 촛불 예배의 참석자가 평상시보다 많지만, 부활절에 더 많이 참석하는 경우는 거의 없다.

강림절이란 말은 그 자체로 '온다(coming)'는 의미가 있으며, 이 절기

강림절과 성탄절에 대한 아이디어

를 통해 세 가지가 중요하게 강조된다. 그 세 가지는 다음과 같다.

1. 다윗 가문의 왕이 이스라엘의 집을 영원히 통치하기 위해 오실 것이라는 구약성서를 통한 약속이다.

유대인들의 바벨론 포로기에, 이 약속은 중요한 의미를 지녔다. 포로들은 이 희망을 가지고 살았다. 그것은 그들이 다시 유대로 돌아갈 것이며 회복될 것이라는 것을 확신시켜 주었다. 그러나 포로기 후 유대의 어떤 왕이나 지도자도 이 예언자의 약속을 완벽하게 충족시켜 주진 못했다. 그런 까닭에 예수가 탄생할 즈음에도 메시아에 대한 기대감이 여전히 살아 있었고, '이스라엘의 위로'를 기다리는 사람들이 많았다. 강림절 절기는 예언자의 약속과 '목자이신 왕'의 오심에 대한 고대 이스라엘의 열망을 기억하는 시간이다. 이와 같이 강림절이 강조하는 바가 찬송가 가사에 잘 드러나 있다. "오, 오소서! 오 오소서! 임마누엘."

2. 예수의 탄생을 둘러싼 사건들 – 그의 '초림'

여기서 강조한 것은 마리아에게 아이가 생길 것이라고 알려 준 천사들과 이러한 '수태고지'에 대한 마리아의 반응, 그리고 세례 요한을 낳은 엘리자벳에 관한 이야기다. 예수의 사역이 탄생 후 30년이 지난 후 시작된 반면, 주의 길을 예비하는 세례 요한의 활동은 강림절 동안에 강조된다. 그것은 현시대의 예배자들에게 그들의 마음이 메시아를 받아들일 수 있도록 초대하는 역할을 한다. 강림절 주제는 누가복음에서 이야기하는 '요셉에게 정혼한 처녀' 마리아에 관한 찬양과 연관된다. 또한 "이새 가문에서 가지가

날 것이다."라고 예언서가 말하는 것으로, 나뭇가지가 변하여 장미가 될 것이라는 것이다. 이러한 내용들을 강조하면서 우리는 다시 한 번 그리스도의 탄생을 축하할 준비를 한다. 우리는 크리스마스 캐럴을 부르며 구세주의 탄생을 축하하는 거룩한 밤을 준비한다.

3. 그리스도의 재림과 우리가 죽을 때 그리스도가 우리에게로 오시는 날

강림절에서 마지막으로 강조하는 것이 이것이다. 여기서 주제는 그리스도에 대한 예언과 그가 직접 하신 약속들, 그리고 신약성경의 다른 저자들이 한 약속들은 아직 이루어지지 않았다는 것이다. 즉 그리스도가 어느 날다시 와서 새 하늘과 새 땅이 있는 새 시대로 이끌어 갈 것이라는 약속은 아직 이루어지지 않았다. '시온으로 행진해 가자'와 '기뻐하라! 주님이 왕이시다'와 같은 재림에 관한 찬송가들은 이 주제를 잘 표현해 준다. 또한 다음의 네 소절에서도 이것을 잘 표현해 주고 있다. "영광스런 소망으로 기뻐하라! 심판자 예수가 다시 오실 것이다. 그리고 그의 종들을 당신의 영원한 집으로 이끌 것이다. 우리는 곧 천사장의 음성을 듣게 될 것이다. 하나님의 나팔소리가 울릴 것이다, 기뻐하라!" 이 주제의 핵심은 개인적으로 그가 오실 날을 준비해야 한다는 것이다.

이 세 가지를 강조하는 것에 덧붙여, 관례상 매주일에 핵심적인 말이나 주제를 정해 놓는다. 네 단어를 정하는 것에 있어선 교회마다 다양하며 완전히 일치하지 않는다. 즐거움은 통례적으로 세 번째 주일과 관련되어 있다. 물론 이것에 대해서도 의견이 분분하긴 하다.

강림절과 성탄절에 대한 아이디어

지난 10년간의 강림절 설교들을 되돌아보면서, 나는 '크리스마스를 둘러싼 인물들' - 요셉, 마리아, 천사들, 목자들, 엘리사벳, 사가랴 - 에 대해 계속 설교해 왔음을 알았다.

나는 세례 요한과 그의 사역에 대해서도 설교했다. 예언적 약속과 그 역사적 배경에 초점을 맞추었다. 예언의 약속은 궁극적 의미에서 예수 그리스도를 통해 완성되었다. 나는 재림에 대한 크리스천의 소망을 강조했다. 그러나 지난 몇 년간 나는 이 절기를 좀 더 창조적으로 접근하는 방법을 개발하기 위해 부단히 노력해 왔다.

크리스마스 캐럴

2001년 우리는 찰스 디킨스(Dickens)의 '크리스마스 캐럴'을 강림절 설교의 틀로 잡았다. '크리스마스의 과거 유령'이라는 연극 장면을 보여 주면서 강림절을 시작하였다. 어스름한 분위기에 스크루지의 죽음의 파트너인 말리가 쇠사슬에 묶인 형상을 하고는, 스크루지 맞은편에서 그에게 말하는 장면을 만들었다. 우리는 미리 연극에 나오는 다음의 대화를 녹음해 두었다.

그때 죽은 지 7년 된 스크루지의 파트너 말리가 그 앞에 나타났다. 그는 몸에 쇠사슬을 칭칭 감고 있었다.

"너는 쇠사슬에 칭칭 감겨 있구나." 두려움에 떨며 스크루지가 말했다. "왜 그렇게 하고 있는지 말해 다오."

말씀을 해방시켜라

"이 쇠사슬들은 내 삶의 결과물들이라네." 유령이 대답하였다. "조금씩 천천히 만들어 낸 것들이지. 내 스스로 그것을 잡아맨 것이라네. 그리고 내 자유의지 하에 이것들을 감은 것이라네. 이런 모양새가 자네에겐 이상한가?"

스크루지는 점점 더 두려워 떨었다. 유령이 추궁했다.

"자네가 스스로 지니고 있는 강한 철사의 무게와 길이를 아는가? 그것은 7년 전 크리스마스 이브 때부터 지금까지 이을 만큼 아주 길고 무겁다네. 자네는 그동안 그것으로 인해 고통스러웠지. 그것은 매우 무거운 사슬이지!"

스크루지는 땅바닥에 90미터, 100미터쯤 되는 강철선으로 묶여 있는 자신을 발견하고는 주위를 살폈지만 아무도 발견할 수 없었다.

이 대화로부터 설교는 시작되었다. 에벤에젤 스크루지가 보여 주는 것이 무엇이며, 왜 그가 쇠사슬을 차서 곤란하게 되었는지를 생각해 보았다. 이러한 생각은 우리도 각자 쇠사슬에 얽힐수 있다는 사실을 성찰하게 하였다. 과거의 상처로부터 생겨난 쇠사슬, 마음의 완고함, 우리를 지배하는 죄악, 우리가 믿고 있는 거짓이 우리를 쇠사슬처럼 얽어매고 있는 것이다. 마지막으로 그날의 성경 본문으로 들어갔다. 우리는 '포로된 자들에게 자유를 선포할' 메시아에 대한 예언적 약속에 초점을 맞추었다. 예수님이 삶에 얽힌 쇠사슬로부터 우리를 자유롭게 하시는 진리에 대해 탐색해 보았다.

매주 비슷한 패턴으로 성공적인 연속 설교가 이루어졌다. 과거의 크리스마스 유령에 이어, 현재의 크리스마스 유령과 미래의 유령이 등장했다. 그것과 관련한 성경 본문을 통해 '아, 그렇구나!' 라는 결론을 이끌어 냈다. 그 결론은 스크루지와 우리를 위해 오시는 예수님의 중요성에 초점을 맞추는 것이었다.

이 기간 동안의 삶에 대해

2002년 강림절 동안에, 우리는 다시 한 번 지방 ABC 방송국과 협력 사역을 하였다. 설교 시리즈의 타이틀은 헤리 에머슨 포스딕의 찬송가 후렴구에서 빌려왔다. '이날들의 삶을 위하여: 2002년 강림절' 이다. 매주 우리는 2002년에 일어났던 국가적인 쟁점에 초점을 맞추었다. 그 다음 이 이야기들에 대해 성서일과에서 지정한 그 주간의 성경 본문이 어떻게 말하고 있는가를 살펴보았다. 매 설교는 지방 뉴스 앵커인 레리 무어(Larry Moore)가 KMBC 뉴스데스크에 앉아 그가 밤마다 뉴스 보도를 했던 것과 같이, 뉴스 스토리를 말하듯 우리 회중에게 이야기하는 것으로 시작되었다.

첫 주에는 미국 법인의 중직 경영자 몇 명이 회계 부정으로 기소되어 수갑을 차고 물러난 사건에 대하여 다루었다. 미국의 가장 큰 회사 가운데 26개 회사가 그 해 조사를 받았다. 우리는 왜 그 회사들의 중역들이 그러한 일을 했는지 자세히 살펴보았다. 이 일은 유혹과 죄와 싸우는 우리 자신을 바라보게 하였다. 최종적으로 우리는 이사야서 64장 1~8절의 말씀을 상고하였다. 그 말씀은 예루살렘이 멸망한 후 애통하고 참회하는 시편이었다. 이 말씀의 마지막 부분에 귀를 기울여 보자.

> 무릇 우리는 다 부정한 자 같아서 우리의 의는 다 더러운 옷 같으며 우리는 다 잎사귀 같이 시들므로 우리의 죄악이 바람같이 우리를 몰아가나이다. 주의 이름을 부르는 자가 없으며 스스로 분발하여 주를 붙잡는 자가 없사오니 이는 주께서 우리에게 얼굴을 숨기시며 우리의 죄악으로 말미암아 우리가 소멸되게 하셨음이니이다. 그러나 여호와여, 이제 주는 우리 아버지시니이다. 우리는 진흙이요 주는 토기장이시니 우리는 다 주의 손으로 지으신 것이니이다.(이사야 64:6~8)

이 본문은 우리 성도들을 회개토록 하였다. 그리고 성도들이 하나님의 토기를 빚는 바퀴에 들어가 다시 빚어짐으로써 크리스마스를 축하하기 위한 준비를 하도록 해 주었다. 설교 후 이어지는 봉헌송은 하나님의 손에 잡혀 있는 진흙이 되는 것에 관한 노래였다. 이 노래를 부르는 동안 옹기장이가 옹기틀에 앉아서 진흙 덩어리로 그릇을 빚었다. 그리고 옹기장이가 빚은 그릇은 하나님에게 드려졌고 제단 테이블에 놓여졌다. 이것은 우리의 삶을 하나님의 손에 의탁하도록 초대하는 형상을 상징화한 것이다.

그 후 매주 우리는 또 다른 새로운 뉴스를 살펴보았고 다양한 강림절 본문 속에서 위로, 희망, 도움을 구하였다. 그 본문들은 놀라울 정도로 그 이야기들과 잘 연결되었다. 둘째 주, 우리는 테러리즘에 의한 전쟁 그리고 테러리즘과 전쟁의 위협이 만연한 시대 속에서 어떻게 살아야 하는가에 대하여 생각해 보았다. 그 대답은 이사야 40장 1~5절, 10~11절 말씀이었다. 이사야서의 말씀은 자신들을 사로잡은 바빌론 사람들에 의해 공포에 떨며 살던 유대인들의 탈출에 대한 내용이었다.

셋째 주, 우리는 교회 안에서 성직자들에 의해 행해지는 성폭력에 대한 이야기를 다루었다. 2002년 로마 가톨릭 교회는 그 기반이 흔들거렸다. 설교하기 전주, 나는 성폭력을 당했던 사람들을 초대하여 그들이 겪은 성폭력에 대한 이야기와 그 일을 어떻게 극복했는가에 대해 글로도 쓰며 이야기해 줄 것을 부탁했다. 12명의 사람들이 자신의 이야기를 들려주었다. 그 주의 설교에서는 폭력적인 성직자의 문제와 성폭력에 의해 희생당한 사람이 그것을 어떻게 극복하는가에 대하여 살펴보았다. 그리고 마지막으로 이사야 61장 1~3절의 말씀을 상고하였다.

주 여호와의 영이 내게 내리셨으니 이는 여호와께서 내게 기름을 부으사 가난한 자에게 아름다운 소식을 전하게 하려 하심이라. 나를 보내사 마음이 상한 자를 고치며 포로 된 자에게 자유를, 갇힌 자에게 놓임을 선포하며, 여호와의 은혜의 해와 우리 하나님의 보복의 날을 선포하여 모든 슬픈 자를 위로하되, 무릇 시온에서 슬퍼하는 자에게 화관을 주어 그 재를 대신하며 기쁨의 기름으로 그 슬픔을 대신하며 찬송의 옷으로 그 근심을 대신하시고 그들로 의의 나무 곧 여호와께서 심으신 바 그 영광을 나타낼 자라 일컬음을 받게 하려 하심이라.

이 성경 본문은 매우 강력한 힘이 있다. 문맥상 이 본문은, 지금은 예

말씀을 해방시켜라

루살렘으로 되돌아왔지만 그 마음속에 남은 오래된 상처와 바빌론에서 고된 노동의 날을 보내고 착취당했던 기억을 가지고 있는 사람들에게 전하는 말씀이다. 예수님은 누가복음에서 기록상 첫 번째 설교를 하실 때 이 본문을 낭독하시고 "이 글이 오늘 너희 귀에 응하였느니라."고 하셨다. 성경은 슬퍼하던 사람들에게 기쁨을 선사한다. 그리고 하나님이 상처받은 사람들을 취하여 '의의 나무'로 삼으실 것이라고 약속한다. 이 말씀은 폭력을 당했던 사람들뿐 아니라 다른 사람에게 상처받은 모든 사람들에게 하시는 심오한 말씀이다.

강림절 넷째 주, 우리는 좀 가벼운 이야기를 선택하였다. 2002년 가을에 미디어의 관심을 가장 많이 끌었던 중간 선거에 대한 이야기다. 우리는 제대로 선출된 공직자에게 어떠한 자질이 요구되는지를 살펴보았다. 이 설교를 위해 나는 우리 신도 가운데서 연방 하원의원 한 사람을 포함한 5명의 현직 또는 전직 공직자들을 인터뷰하였다. 여러 가지 자질에 대해 재고한 후 입후보자들을 살펴보았고, 왕 중의 왕이신 예수의 캠페인 약속을 살펴보았다. 성경 본문은 누가복음 1장 26~33절, 38절의 말씀이었다. 이 말씀과 더불어 우리는 예언자들을 통해 사무엘하에서 말하는 메시아적 희망의 역사를 다시 한 번 되짚어 보았다. 이 설교를 통해 우리는 예수님이 이 땅에 사셨을 때 보여 주신 왕의 속성과 오늘날은 어떤 왕이신지 살펴볼 수 있었다.

내가 이러한 아이디어를 제공하는 이유는, 여러분이 강림절을 신선하게 접근하고자 고민할 때 좀 더 창조적으로 생각하도록 도움을 주려는 것이다. 그리고 그것을 통해 여러분의 성도들이 크리스마스의 중요성을 온전히 이해하고 준비할 수 있도록 도움을 주려는 것이다.

크리스마스 이브 자체에 대해 한 마디만 더 하겠다. 부활의교회에서는 내가 앞서 이야기하였듯이, 크리스마스 이브 밤에 비신자들이 평소보다 더 많이 교회에 나온다는 사실을 알게 되었다. 어떤 교회들은 크리스마스 이브에 음악 부서를 중심으로 예배를 드린다. 또 일부 교회들은 특별 강사를 초청하거나 부목사가 예배를 인도한다. 나는 언제나, 이 밤이야말로 내가 반드시 설교해야 할 시간이며, 예배자들에게 크리스마스의 중요성을 알려 주는 매우 강력하고 감동적인 설교를 할 때라고 느껴왔다. 멋진 크리스마스 이브 설교를 준비하고 선포하는 것의 중요성에 대해선 말할 나위도 없다. 물론 음악과 성탄절 촛불만으로도 예배가 이루어질 수 있으며 참석자들을 감동시킬 수 있다. 그러나 크리스마스 이브의 밤에 참석자들에게 평화, 희망, 기쁨, 사랑을 선포하는 설교는 단순한 감동을 넘어 삶 자체를 변화시킬 수 있다. 참석자들이 예수 그리스도라는 하나님의 선물이 자신들에게 필요하다는 것을, 즉 크리스마스가 자신들에게 필요하다는 것을 진정으로 이해하도록 도움을 줌으로써 그들의 삶을 변화시킬 수 있다.

내 크리스마스 이브 설교들은 대개 매우 간단하다. 크리스마스에 대해 가르치려는 것보다는 진정으로 사람들의 삶 속에서 예수님이 이루시는 구원과 탄생, 삶, 죽음과 부활의 차이를 설명하는 이야기들로 가득차 있다. 이러한 점에서 여러분의 열정, 확신, 기도를 통한 준비가 참석자들에게 강력한 영향력을 끼칠 수 있을 것이다.

13장 '예언적 설교'에 대한 재고

논쟁적인 주제 설교를 할 때에 성도들을 자극하기 원하는가?
아니면 감동을 주어 영향을 끼치기 원하는가?

13장

'예언적 설교'에 대한 재고

이 책의 전반적인 내용을 통해 이미 느꼈겠지만, 내가 제시한 설교들은 다소 도전적이며 어려운 면이 있다. 때론 어느 정도 반론의 여지도 있다. 때로 하나님은 우리를 불러 성도들에게 적시에 중요한 말씀을 전하도록 하신다. 그 말씀은 도전적이며 받아들이기 어려울 때도 있다. 신학교에서 우리는 이러한 설교를 '예언적 설교'라고 불렀다. 구약성경의 예언자들을 예로 들어 고찰하였다. 그들은 용기 있는 사람들이었으며, 그 당시 하나님의 백성들에게 깊이 배어 있었던 부정의와 불신앙 그리고 우상숭배의 죄에 대하여 설교할 때 매우 비판적인 언어를 서슴지 않았다.

부활의교회에서 어느 정도 정규적으로 이러한 종류의 메시지를 신실하게 전달하기 위해 씨름해 오면서, 때로는 성공하기도 하고 때로는 실패도 하면서 얻은 몇 가지 통찰을 함께 나누고 싶다. 바라기는 경험을 통해 내가 배운 것들이, 라인홀드 니버의 말처럼 여러분이 '상처받은 사람들을 위로할' 뿐만 아니라, '안일한 자들을 깨우려 할 때' 도움이 되었으면 한다.

변화시키는 영향력

나는 자신들이 스스로 '예언 사역'을 하는 것에 매우 자부심을 느끼는 목회자들이 교회를 어렵게 하는 것을 자주 보아 왔다. 또는 교회를 어렵게 하지는 않더라도 자신들에게 동의하지 않는 성도들을 쫓아 내버리고 비슷한 생각을 가진 사람들만 교회로 모으는 경우도 있다.(그러나 대개 비슷한 생각을 가진 사람을 찾는 것은 쉬운 일이 아니다!) 불행히도, 그들은 실제로 사람들을 어떻게 해서라도 변화시키는 영향력을 행사하려 하지 않았다.

대중성이 없거나 논쟁적인 이슈들에 대해 설교하도록 부름을 받았을 때 우리가 물어야 할 질문은 다음과 같다. '우리의 목표가 뽐내듯 거만스럽게 우리의 견해를 외치는 것인가? 아니면 사람들이 이 견해를 받아들이도록 실제적인 영향력을 발휘하는 것인가?' 이 질문에 곁들여, 나의 결론을 제시해 보겠다. 우리의 목적은, 자신들의 관점이 성경이 가르치는 것과는 상충되는 듯한 상황에 놓여 있는 사람들에게 자신의 관점을 바꾸어 생각하게끔 영향력을 행사하는 일이다.

위의 의견에 동의한다면, 어려운 주제에 대한 설교를 하게 될 때 물어야 할 그 다음 질문은 이것이다. '사람들로 하여금 자신의 관점을 재

고하여 좀 더 성서적 관점을 채택하도록 영향을 줄 수 있는 가장 효과적인 방법은 무엇일까?'

존경과 존중을 보여 주라

때때로 나는 불행하게도, 내가 믿는 것이 성경적 명령이라는 생각에 사로잡혀 확신을 가지고, 약간은 자기 의와 거만함에 빠져 설교할 때가 있다. 그러나 그러한 나의 노력은 절대로 내가 바라던 것을 이루어 내지 못하였다. 그러한 설교는 사람들이 가진 굳어진 견해들을 재고하도록 감동시키지 못하였다. 나와 견해를 같이 하던 사람들로부터는 수많은 영광을 받았지만, 나와 견해를 달리하던 사람들에게서는 분노를 샀다. 이런 설교는 '예언적 설교'가 아니다. 그리고 이러한 설교를 통해선 하나님을 기쁘시게 할 수도 없다. 그것이 하나님을 기쁘시게 하지 못하는 이유는, 설교가(이 경우에는 나다!)가 실제적인 변화를 이루어 낼 수 있는 기회를 낭비하였고, 그 대신 오히려 하나님이 이끄시길 원하는 자리로부터 사람들을 더 멀리 밀어냈기 때문이다. 하나님은 어떤 특정한 이슈에 있어 당신이 옳으냐 그르냐에는 관심이 없다. 하나님은 당신이 설교자로서의 임무를 수행하는가, 즉 사람들이 하나님의 방법을 발견할 수 있도록 돕는가에 관심하신다.

이것은 내가 다년간의 경험을 통해 터득한 것이다. 다른 사람들에게 영향력을 행사하고 설득하는 가장 좋은 방법은 그들을 소외시키거나 자극하지 않는 것이다. 오히려 그들과 그들의 입장을 존중하고, 그 다음에 예의바르고 겸손하게 대안적 의견을 제시하는 것이다. 앞서 언급하였던, '기독교 정신과 우리 시대의 논쟁적 이슈들'에 관하여 시리즈 설교를 할 때 경험한 이야기를 잠시 들려주겠다. 이 설교 시리즈는 잘못된 방향으로 흐를 경우 매우 부정적인 결과를 초래할 수 있었다. 그러나 설교는 놀라우리만큼 성공적으로 끝났다. 수많은 새신자들을 사로잡았을 뿐 아니라 매우 어려운 이슈들에 대해 이미 고착된 관점을 가지고 있던 사람들이 새로운 생각을 하게 되었다.

나는 이 설교 시리즈를 선포하면서 생각하는 크리스천이라면 논쟁적 이슈에 대해 각기 서로 정반대의 결론에 도달할 수도 있다는 생각을 전제하고 있었다. 그 이슈들이 간단해서 쉽게 결론이 내릴 수 있는 것이라면 누구도 논쟁하려 하지 않을 것이다. 이런 생각을 마음에 품고, 나는 고등학교 때 논쟁을 준비할 때 그랬던 것처럼 각 설교들을 준비했다. 내가 그 논의의 긍정적인 측면을 취하느냐 부정적인 측면을 취하느냐에 관계 없이, 논쟁에서 이기려는 목적을 가지고 연구하듯이, 하나의 이슈가 지니는 양측면 모두를 연구했다. 달리 말해, 논쟁적 주제에 대해 성공적으로 설교하기 위해서는 그 이슈의 양면 모두를 이해할 필요가 있었다.

이 작업을 마친 후에, 그 이슈에 관련된 성경 말씀에 대한 나 자신의 견해를 이끌어냈다. 나는 내 의견이 지닌 취약점에 대하여 솔직하게 인정해야 했다. 그리고 그 논쟁에 관해 내가 이제껏 지녀온 관점을 기꺼이 바꿀 필요도 있었다.

나는 최종적인 결말을 내리지 않은 관점에 대하여, 가장 개연성 있는 상황을 설정함으로써 접근을 시도하였다. 많은 경우, 하나의 이슈에 대해 어떠한 관점을 지지하는 사람들에게 자신들의 관점에 대하여 의혹을 품도록 하기 위해 노력하였다. 그리고 그들이 품게 된 의혹의 원인을 설명해 주었다. 그러한 과정을 통해 도출된 어떤 입장 또는 견해를 제시할 즈음에는 그 의견을 지지하는 청중에게서 이런 말이 나오길 원했다. "목사님이 내 관점을 좀 더 공정하게 제시해 주었다. 그는 내 관점과 나를 존중해 주었다." 그리고 실제로 이 설교들이 끝난 후 사람들은 종종, 내가 자신들보다 훨씬 더 자신들의 관점을 잘 표현해 주었다고 말해 주었다. 그 후 나는 반대 관점을 제시했다. 그것은 내 의견이 아니었고, 객관적인 자료를 근거로 한 것이었다. 또다시 이 관점에 대해 강력한 진술을 했고 그 관점을 지지하는 사람들을 존중하며 대했다. 이렇게 함으로써 나는 설교를 듣는 사람들이 자신들과 다른 반대 의견을 가진 사람들을 존중하고 이해하며 대하길 바랐다. 나는 하나의 이슈에 대하여 서로 다른 의견을 가진 사람들 모두를 위해 이러한 접근 방법을 모색하였다.

마지막으로 나는 내 사고 과정이 주제를 벗어나지 않기 위해, 그리고 이슈의 반대쪽에 대한 연민을 표현하기 위해 노력하였다. 내가 전적으로 내 자신을 확신할 수 없을 경우에는, 조심성 있게 그리고 성경 속에 계시된 하나님의 뜻과 그리스도라는 인격 속에 계시된 내용과 보조를 맞추는 견지에서 최종적 결론을 내렸다.

이렇게 하면서 내가 경험하게 된 것이 있다. 어떤 사람들은 내게 말하길, "목사님의 결론은 나와 달라요. 하지만 스스로 많은 부분을 생각하게 하는군요. 이 부분에 대해 계속 생각해 보겠어요." 하였다. 많은 경

말씀을 해방시켜라

우에, 특히 사형 제도, 안락사, 낙태 문제에 관련된 부분에 대해서는 "나는 이 자리에 오기까지 한쪽으로 치우쳐 생각하고 있었어요. 그런데 오늘 내 관점을 심각하게 재고하게 되었어요. 목사님, 나의 생각을 바꾸어 놓았어요." 하고 말했다.

이제 결론을 내려 보자면, 나는 '예언적 설교'란 바로 이러해야 한다고 믿는다. 절실하게 듣기를 원하는 사람들에게 실질적인 영향을 미치는 것이다. 그것은 그들이 변화하게끔 이끄는 것을 의미한다. 그래서 자신들의 삶과 관점에 대해 다시 한 번 생각하게 하는 것이다. 여러분이 겸손, 존경, 지극한 사랑으로 도전적인 말을 할 수 있다면, 이미 청중의 마음과 생각을 실질적으로 변화시킬 수 있는 굉장한 잠재력을 지니고 있는 것이다.

반면 겸손, 존경, 사랑을 품었지만 말을 너무 어렵게 한다면, 사람들은 당황할 것이고 설교를 듣다 걸어 나갈 것이다.(내게도 그런 경우가 수없이 많았다.) 하지만 성도들을 잃는 것을 두려워한 나머지 어려운 주제들에 대해 설교하는 것을 피할 수는 없다. 나는 지난 12년 동안 내가 한 설교의 어떤 부분에 대해 동의하지 않는 사람들에게서 수백 통이 넘는 이메일과 편지를 받아왔다. 그들이 하는 말들은 때로 나에게 상처를 주기도 하였다. 그러나 내가 하나님이 교회가 선포하도록 부르셨다고 느끼는 어려운 이슈들에 대해 지혜롭고 조심스럽게 접근했다면, 때로 일부 사람들이 설교를 듣고 떠난다 해도 어쩔 수 없는 일이다. 그러나 내 관점으로 인해 사람들이 소외되고 교회와 하나님이 나에게 선포하도록 부르셨다고 느껴지는 입장으로부터 멀어지게 되었다면, 그것은 내가 잘못

'예언적 설교'에 대한 재고

한 것이다.

마지막으로 한 마디 하겠다. 나는 최근 여기서 말한 충고를 망각한 적이 있다. 9·11 사건 1주년 기념일에, 나는 내 속에서 끓어오르는 확신을 가지고 국가적 차원에서 이라크에 대한 전쟁을 너무 빨리 진행시키고 있다는 내용에 관해 설교하였다, 그때 나는 우리가 하려는 전쟁이 정당하다는 것에 설득력을 느끼지 못하고 있었다. 미국인의 68%가 전쟁을 진행시키길 원하고 있었지만, 나는 마음속으로 그래선 안 된다고 계속 생각하였다. 그날 설교 상반부에서는 일 년 전 끔찍한 비극을 경험한 사람들을 돌보아야 할 필요가 있다는, 목회적 돌봄에 관한 설교를 하였다. 그러나 후반부에서는 테러리즘과의 계속적인 전쟁, 특별히 이라크와 전쟁을 벌여야 한다는 관점에 반대하는 설교를 하였다.

지금도 나는 내가 그 당시 설교를 통해 전파한 내용이 성경과 성령님에 의해 행해진 것이라는 믿음이 있다. 하지만 불행히도 내가 간과한 것은, 전쟁하는 것이 정당한 것이라고 느끼는 사람들의 합리성과 감정을 존중하지 못하고 알아차리지 못했다는 것이다. 그저 단순히 하나님의 뜻에 관하여 내가 이해한 내용을 늘어놓은 것이다. 그 결과 나는 내가 진정 영향을 미치고 싶었던 수많은 사람들을 괴롭힌 꼴이 되었다. 달리 말해, 그날 반드시 해야 할 한 가지를 성취하는 데 실패한 것이다. 왜냐하면 이제껏 충고해 온 교훈들을 내 자신이 망각했기 때문이다.

어려운 주제들에 대해 설교하려 할 때 마지막으로 물어야 할 질문은 다음과 같다. 여러분은 성도들을 자극하길 원하는가, 아니면 감동시켜 영향을 미치길 원하는가?

말씀을 해방시켜라

14장 결혼식과 장례식

결혼식과 장례식은 사람들이 가장 쉽게 마음을 열고
복음을 받아들일 수 있는 기회다.
훌륭한 집례를 위한 아이디어를 생각해 본다.

14장

·

결혼식과 장례식

여러분이 신학교 학생이거나 목회 초년생이라면, 이 장은 이 책 전반에 걸쳐 가장 중요한 부분이 될 것이다. 이 장을 통해 수백 번의 결혼식과 장례식을 집례하면서 여러 차례의 시행착오를 겪는 과정 중에 배운 몇 가지 통찰력을 제공하고자 한다. 혹 여러분이 많은 경험과 훈련을 거쳐 결혼식과 장례식을 잘 집례하는 목사라면 내가 지금 말하고자 하는 것들을 이미 잘 행하고 있을 것이라 생각한다. 그럼에도 불구하고, 여러분의 창조성을 자극할 만한 한두 가지 아이디어와 통찰력이 전해지길 소망한다.

결혼식

귀찮은 일인가, 아니면 기회인가?

대부분의 노련한 목사들은 결혼식에 대해 두 가지 태도를 보인다. 첫 번째 부류의 목사들은 결혼식을 불편한 일로 여긴다. 특히 '교회에서 결혼식'을 하고자 하는 비기독교인들에게 결혼식을 집례해야 할 때는 더욱 그러하다. 이것과 비슷하지만 좀 덜 비관적인 태도는, 결혼식을 약간의 과외 사례를 받을 수 있는 기회로 보는 경우다. 솔직히 말해, 많은 목사들이 자신들이 결혼식에 대하여 그렇게 느낀다는 사실을 인정할 것이다. 그것은 쉽게 이해할 만한 일이다. 때로 목사들은 한 쌍의 남녀에게 이용당한다는 느낌을 갖는다. 마치 고용된 사람처럼 취급하고, 때로는 사례를 안 하기도 하며, 교회에서 결혼식을 마친 후 얼굴을 전혀 비추지 않는 남녀도 있다. 목사들은 흔히, "도대체 내가 왜 내 삶의 5~10시간을, 특히 이 좋은 주말 저녁 시간을 이 사역을 위해 포기해야 하는가?"라고 말하기도 한다.

반면 두 번째 부류의 목사들이 있는데, 이들은 결혼식을 복음 전파의 좋은 기회로 생각한다. 삶의 중요한 시기에 놓인 한 쌍의 남녀뿐 아니라 그들을 보기 위해 교회에 온 수많은 하객들을 상대로 사역할 수 있는 절호의 찬스이기 때문이다. 그 시간만큼은 선택의 여지없이 목사의 말을 들어야 하기 때문이다. 이런 생각을 하는 목사들은 결혼 전 상담 기간 동안에 남녀에게 자신이 행할 수 있는 영향력과 힘에 대해 잘 알고 있다. 그렇기 때문에 진지하게 이 남녀를 위하여 도전한다. 목사는 진지하게 결혼 생활에서의 신앙의 중요성에 대하여 가르치고자 노력한다. 그러한 목사들은 커플과 그들의 친구들에게 사랑을 드러내며, 그들을 위해 기도하고, 인격적이며 아름답고 멋진 결혼 예식이 되도록 시간을 들여 준비한다. 이러한 목사들은 결혼식 사역을 통해 기쁨을 맛본다. 하나님 앞에서 결혼 서약을 하는 남녀 한 쌍의 눈을 바라보는 것에 즐거워하며, 결혼 서약이 끝난 후 그들의 손 위에 손을 얹고 기도하는, 기독교식 결혼 예식을 집례하는 일에서 기쁨을 느낀다. 그들은 결혼식에서 그리스도의 임재를 자신의 몸을 통해 상기시킬 수 있음에 감사해 한다. 이런 목사들은 결혼식 사역을 통해 수많은 사람들이 자신들의 교회에 등록하게 되었다고 얘기한다.

여러분은 어느 쪽인가? 여러분이 첫 번째 부류의 목사라 해도 나는 이해할 수 있다. 때로는 나도 그렇게 느꼈다. 특히 내가 완전히 탈진했을 때와 가족과 보낼 시간이 없을 때면 결혼식이 성가신 일로 다가왔다. 그러나 그러할 때면 나는 억지로라도 두 번째 종류의 목사를 기억하며 두 번째 종류의 목사의 길을 선택한다. 나는 목회 초기에 부목사로서 많은 결혼식을 집례했으며, 지난 12년간은 부활의교회의 목사로서 200쌍이 넘는 커플들의 결혼식을 집례해 왔다. 그 사역을 통해 그들에게 그리스도의 사랑과 임재를 나타내기 위해 노력해 왔다. 그 결과 그들 중 대부분은 교회에 참석하게 되었다. 그보다 더 기쁜 일은, 부활의교회에 참여하게 된 수백 명의 사람들이 "이 교회를 처음 알게 된 것은 결혼식을 통해 목사님의 설교를 들었을 때였어요."라고 말한다는 사실이다.

이 글을 읽는 사람 가운데 어떤 사람은 내가 하는 말이 매우 회의적으로 들릴 수도 있다. 나와 이야기를 나눈 어떤 목회자들은 "나는 그 커플을 결혼식 이후에는 다시 볼 수 없었어요. 결혼식 끝나고 우리 교회에 등록한 사람은 한 사람도 없습니다. 결혼식을 집례할 때면 이용당한다

말씀을 해방시켜라

는 느낌만 들더군요."라고 말하였다. 여기서 내가 여러분과 나누기 원하는 것은 결혼식을 준비하는 것과 실제로 결혼식을 집례하는 일에 대한 것들이다. 나는 목사들이 그 일들을 하는 순간, 결혼식은 사역과 복음 선포와 지역 사회 선교를 확장시킬 수 있는 굉장한 기회가 된다고 믿는다. 결혼식에 대해 구체적으로 이야기하기 전에 한 마디만 더 하겠다. 나는 결혼식 사역을 교회의 목적과 목사로서의 나의 목적이라는 렌즈를 통해 바라본다. 나의 목적은 '비종교적이고 명목상으로만 종교적인 사람들이 그리스도에게 깊이 헌신하는 기독교 공동체를 만드는 것'으로, 이를 위해서라면 내가 할 수 있는 모든 일을 하는 것이다. 이것이 바로 내가 결혼식 사역에 접근하는 방식이다.

결혼 전 상담

현재 우리 교회에서는 일 년에 수차례에 걸쳐 결혼 전 상담 과정을 개설하고 있다. 4주 과정이며, 그 가운데 3주는 기독교 심리학자들이 맡아 주관하고, 나머지 한 주는 목회자 중 한 명이 결혼의 영적인 차원에 대해 가르친다. 커플들은 이 과정을 거쳐야만 우리 교회에서 결혼할 수 있다. 앞서 이미 말했듯이, 우리는 커플들에게 내 설교 세트인 '사랑, 결혼, 섹스에 대한 성서적 관점'을 제공하며, 이 세트를 산 가격만큼 결혼식 비용을 절감해 준다.(참고: 이 설교에 대한 연구가 곧 출간될 것이다. 그리고 그 설교들에 대한 비디오 테이프와 오디오 테이프는 교회 웹 사이트를 통해 구입할 수 있다. www.cor.org) 이 과정이 끝나면 나는 그 커플과 한 차례

만남을 갖는다. 우리 교회가 좀 더 작은 규모였을 때는 결혼 전에 서너 번 만나면서 커플들에 대한 결혼 전 상담 전체를 맡아 하였다.

결혼 전 상담에 관한 좋은 책들이 시중에 많이 나와 있다. 그 책들을 읽으면 결혼 전 상담을 어떻게 해야 하는지에 대한 방향을 잡을 수 있다. 그러나 내가 여기서 말하는 내용은 그 책에서는 다루지 않는 내용들이다. 첫째, 커플과 만나기 전 나는 그들을 위해 기도한다. 하나님이 나를 통해 그들을 축복하시기를 간구한다. 그들을 내 사무실에서 맞아들일 때, 그들로 하여금 그리스도의 사랑을 느낄 수 있도록 하기 위해 노력한다. 대부분의 커플들은 이제껏 한 번도 목사 사무실에 들어와 보지 못한 사람들이다. 그들은 약간 긴장한 상태에서 어떻게 해야 할지를 모른다. 나는 가능한 그들이 편안해 하도록 배려한다. 그리고 언제나 진심을 담아, 그들의 결혼식을 집례하게 된 것이 참으로 영광이라고 말한다. 그러한 특권을 준 것에 감사하다고 고백한다. 나의 목적은 그들과 함께 기뻐하고 그들에게 관심을 기울임으로써 그들을 사랑하고 축복하는 것이다.

나는 결혼 전 상담 과정의 처음과 끝을 기도로 시작하고 기도로 맺는다. 그들 가운데는 이제껏 다른 사람이 자신들을 위해 큰 소리로 기도하는 것을 경험해 보지 못한 사람들도 가끔 있다. 특히 비기독교인들인 경우에 그러하다. 나는 그 커플에게 하나님의 은총이 임할 것을 기도한다. 그리고 하나님께 내가 그들이 사랑의 삶을 시작하는 데 도움을 주며 그들을 위해 사역할 수 있게 해 달라고 기도한다. 각 모임의 마지막에는 커플의 손을 잡고, 그 모임 동안에 말한 내용을 토대로 그들을 위한 매우 개인적인 기도를 올린다.

결혼 전 상담을 하는 어느 시점에는, 대개 첫 모임에서(그 커플과 한 번만 만나게 되는 상황에서도 반드시 이 질문을 한다.) 그들이 어떻게 만났고 어디서 첫 번 데이트를 했으며 어떻게 사랑에 빠지게 되었는지를 말해 줄 것을 부탁한다. 그 다음에는 각자 번갈아 가며 상대방에게 가장 소중하게 생각하는 것이 무엇인지를 말하게 한다. 자신들의 미래의 배우자와 결혼해야겠다고 마음먹게 된 이유가 무엇인지를 물어본다. 이 말을 듣는 내내 나는 그 내용을 상세히 기록한다. 이후에 있을 결혼식에 개인적으로 사용하기 위해서다. 대부분의 커플은 이런 이야기를 나누는 것을 좋아한다. 이때 그들의 이야기에 귀 기울여 듣는 것이 중요하다.

나는 각각의 파트너에게 그들이 내 사무실에서 방금 전 내 질문에 대해 대답한 내용을 2페이지 분량의 편지로 써서 내게 줄 것을 요청한다. "왜 당신은 이 사람과 결혼하고자 하는가? 당신이 상대방에게 가장 감사하거나 사랑하는 것은 무엇인가?" 그렇게 함으로써 그들은 자신들의 대답을 좀 더 깊이 생각하게 되며, 문서화된 대답은 그들의 결혼 예식을 준비하는 데 좋은 자료가 된다.

3주 동안의 결혼 전 상담이 다 끝나면, 마지막 모임에서는 언제나 결혼의 영적인 차원에 대해 다루며 실제 결혼식 계획을 세운다. 최근에 우선적으로 초점을 두는 부분은 바로 이 부분이다. 커플 중 한 사람이 혹은 양쪽 모두 크리스천이 아닐 경우, 이 시간은 그들과 우호적이고 목회적인 방식으로 기독교 신앙을 나눌 절호의 찬스다.

나는 결혼 서약의 성경적 개념에 대해 이야기하면서, 결혼이란 서로에게 동반자가 되는 것이며, 돕는 자로서 행동하도록 부름을 받는 것이며, 결혼을 통해 그리스도의 사랑으로 서로를 사랑하도록 요청받는 것이며, 신실한 삶을 살도록 요구받는 것이라는 것을 이야기한다. 나는 매번 골로새서 3장 12~17절 말씀을 통해 하나님이 결혼을 통해 우리에게 기대하시는 것이 무엇인가 이야기한다.

그러므로 너희는 하나님이 택하사 거룩하고 사랑 받는 자처럼 긍휼과 자비와 겸손과 온유와 오래 참음을 옷 입고 누가 누구에게 불만이 있거든 서로 용납하여 피차 용서하되 주께서 너희를 용서하신 것 같이 너희도 그리하고 이 모든 것 위에 사랑을 더하라. 이는 온전하게 매는 띠니라. 그리스도의 평강이 너희 마음을 주장하게 하라. 너희는 평강을 위하여 한 몸으로 부르심을 받았나니 너희는 또한 감사하는 자가 되라. 그리스도의 말씀이 너희 속에 풍성히 거하여 모든 지혜로 피차 가르치며 권면하고 시와 찬송과 신령한 노래를 부르며 감사하는 마음으로 하나님을 찬양하고 또는 은혜로 또 무엇을 하든지 말에나 일에나 다 주 예수의 이름으로 하고 그를 힘입어 하나님 아버지께 감사하라.

나는 내 결혼 생활의 경험을 그들과 나누며 나와 내 아내가 이 성경 말씀을 어떠한 방식으로 살아가고 있는지에 대하여 이야기한다. 나는 그들에게 서로를 위해 기도해 줄 것을 권면한다. 그리고 교회에 참여하는 것이 그들의 관계에 어떠한 영향을 줄 수 있는지 이야기하며 교회에 나올 것을 권면한다.

마지막으로, 커플을 내 책상 가까이에 앉게 하고는 그들과 함께 실제 결혼 예식에 관한 밑그림을 그린다. 커플들이 교회에 결혼 날짜를 예약할 때, 우리는 목사에게 결혼식 절차와 내용을 일임할 것을 말한다. 그리고 만일 예식에 변경 사항이 있을 경우 목사에게 승인받아야 한다는 사실을 알려 준다. 이것은 내가 결혼식 과정을 인도하는 데 도움이 된다. 나는 그들에게 이미 수백 건의 결혼식 집례 경험을 통해 내게는 결혼식에 필요한 사항과 불필요한 사항이 무엇인지를 파악할 기회가 있었음을 알려 준다. 그것을 기반으로 최고의 환상적인 결혼식이 되도록 돕고 싶다고 전한다. 나는 우리 교회에서 행하는 관례적인 예식을 따르도록 한다. 이 이야기를 할 때면 컴퓨터 화면을 켜고 예식 절차에 관하여 보여 준다. 그 다음 결혼식에 사용하고자 하는 노래들이 있는지 물어본다.(우리 교회의 결혼식 방침은 결혼 날짜를 예약할 때 결혼 예배에 적합한 노래 목록을 받는 것이다. 그리고 우리 교회 음악 담당자들은 그들이 필요한 음악을 구해 줄 것을 요청하면 기꺼이 도움을 준다.) 우리는 커플들이 음악을 선택하는 것에 가능한 한 제한하지 않으려 노력한다. 나는 일반적인 예식에는 포함되어 있지 않으나 예식에 포함시키고 싶은 어떤 특별한 순서가 있는지 물어본다. 나는 커플들에게 설교 시간이야말로 예식에서 가장 개인적인 시간임을 알려 준다. 그들에게 설교 시간은 대략 8~9분 정도 소요되며, 그 시간에 그들의 사랑에 대해 이야기할 것이며 회중에게 성경적 관점에서 결혼이란 무엇을 의미하는지 가르치게 될 것이라고 말한다. 그 내용 가운데 일부는 이미 결혼 전 상담 모임을 통해 그들과 나눈 이야기들이다.

결혼식과 장례식

그 다음 나는 얻은 정보들을 모으고, 적절한 공간에 노래들을 타이핑하고, 일반적인 예식에 포함되지 않은 다른 순서들을 첨가하여 작성한 내용들을 프린터로 인쇄한다. 결혼식을 진행할 때 내가 개인적으로 사용하는 그 문서에는 모든 장마다 일정한 곳에 그들의 이름이 적혀 있다. 나는 전 예식 과정을 내 컴퓨터에 타이핑하며, 예식에 관한 모든 내용을 프린트한다. 그렇게 하면 결혼 예식을 진행하면서 순서를 하나도 빠뜨리지 않을 수 있다. 그리고 예식을 진행하는 다른 사람들에게 - 예식 진행자, 음악 담당자, 성경 낭독자 등 - 나누어 주어 도움을 줄 수 있다. 우리는 함께 기도하며 그 모임을 마친다. 그리고 다시 한 번 결혼할 커플에 대해 기대감을 표한다.

결혼식 리허설(예행 연습)

우리는 리허설을 결혼식 전날 오후 5시로 계획한다. 이렇게 하면 남은 저녁 시간을 가족과 함께 보낼 수 있고 그 커플도 상대적으로 빠른 시간에 저녁 식사를 할 수 있다. 리허설은 보통 45분 정도 소요된다. 나는 처음부터 리허설을 총진행한다. 내가 기억하는 최악의 리허설은 결혼식을 공동 진행해야 했을 때, 총진행을 해야 할 다른 목사가 예식을 제대로 주관하지 않을 때였다. 그 리허설은 어색했고 혼란스러웠다. 여러분은 목사로서 결혼 예식을 전적으로 책임지고 진행해야 한다. 여러분은 이미 전문가이며 수차례 결혼식을 집례한 바 있다. 커플과 그들의 부모조차도 결혼식을 계획하는 데 있어선 경험이 제한된 사람들이다.

말씀을 해방시켜라

여러분이 책임을 지고 끌고 나간다면, 그들은 그렇게 하지 않아도 될 것이다.(내 말이 조금은 가혹하게 들릴 수도 있다. 하지만 내 말의 중심 의도를 여러분도 알 것이라 생각한다.) 여러분은 애정 어리고 조심스러운 방식으로 리허설을 진행해야 하며 기분을 상하게 해선 안 된다. 나는 그렇게 하기 위해 노력한다.

나는 오후 5시 정각에 리허설을 시작한다. 결혼 예식에 참여하는 사람들을 교회 앞에 모이도록 초대한다. 나를 소개하고 교회가 이 결혼식을 주관하게 된 것이 얼마나 기쁜 일인지를 말하며 내가 결혼식을 집례하게 되어 영광스럽다고 말한다. 그리고 결혼식을 전체적으로 진행할 사람을 소개하면서 그녀가 결혼식이 예정대로 진행되도록 돕고 그들을 축복할 것이라고 말해 준다. 이어 그들에게 오르간 연주자를 소개하고 리허설 참여자들에게 신부와 신랑을 위해 함께 기도할 것을 부탁한다.

여러분이 생각하는 것보다 훨씬 세세한 내용이겠지만, 이 세부적인 사항들을 다시 한 번 검토해 보자. 요점을 말하자면 여러분의 생각, 태도, 열정, 사랑 그리고 기도, 이 모든 것이 커플과 그들의 가족을 위해 사역하는 일이며, 그렇게 함으로써 그들이 그리스도의 사랑을 경험하며 이후에 다시 교회에 나오고 싶어 하게 하는 일이다. 이렇게 하는 것이 결혼 행사자들 가운데 어떤 사람들에게는 처음으로 '가까이서 사적으로' 목회자를 대하는 일이 될 것이다.

우리는 결혼 예식을 완벽하게 전체적으로 한 번 진행한다. 그리고 두 번째 다시 입장식 연습과 예식에 대한 소개를 한다. 나는 커플을 따로 불러 내어 다시 한 번 그들을 위해 기도하고 나와 내 아내가 그날 밤 잠

자기 전에 그들을 위해 기도할 것이라는 사실을 알려 주며 리허설을 마무리한다.

예식

여기에서 전체 예식과 예식에서 해야 할 일과 하지 않아야 할 다양한 내용에 대해 다 언급하진 않겠다. 그러나 결혼식 설교에 대해서는 말하고 싶다. 앞서 언급했듯이, 설교는 8~9분 정도 소요된다. 나는 그 커플이 어떻게 만났는지 이야기하며 설교를 시작한다. 그 이야기 속에 담긴 유쾌한 내용으로 그 자리에 모인 회중을 즐겁게 하려는 의도를 가지고 말이다. 그 다음에는 그들의 첫 번째 데이트와 구애, 약혼에 대해 이야기한다. 그리고 다음과 같이 말한다. "나는 지난 번 두 분에게 왜 상대방과 결혼하려고 하는지, 서로에게 소중한 부분이 어떤 것인지를 물어보았습니다. 그것에 대해 이 두 분의 친구들과 부모님들에게 조금만 이야기하겠습니다." 이 말은 결혼 예식을 부드럽게 이끌어 준다. 이렇게 함으로써 모든 하객이 설교에 가까이 다가서도록 한다. 그 다음에는 이들이 예식을 통해 하고자 하는 결혼의 의미로 넘어간다. 결혼에 대한 하나님의 의도가 무엇이며, 성공적인 결혼 생활을 하기 위해선 무엇이 필요한지에 대해 이야기한다. 그러면서 행복하고 성공적인 결혼 생활을 하기 위해선 신앙이 무엇보다 중요함을 언급한다. 마지막으로 성공적인 결혼에 대해 이야기하면서 설교를 마무리한다. 성공적인 결혼은 하나님이 우리에게 요청하시는 사랑의 본성을 나타낼 때 이루어진다는 감성적인 이야기다. 그러고는 결혼 서약으로 넘어간다.

예식에서 이 8~9분의 시간이 가지는 영향력은 엄청나다. 사랑과 공감이 담긴 설교는 그 커플뿐 아니라 하객 모두에게 크나큰 울림을 남긴다. 하객 일부가 우리 교회를 재방문하고 궁극적으론 우리 교회에 참여하게 되는 사례가 늘 일어났다.

마지막으로 한 마디만 하겠다. 결혼 전 상담 시간까지 포함하여 훌륭한 결혼식을 하기 위해선, 적어도 목회자가 8~10시간을 투자해야 한다.

장례식

일반적으로 사랑하는 누군가가 죽은 한 개인이나 가족을 돌보는 사역보다 더 중요한 사역은 없다. 그 개인이나 가족이 교회에 다니지 않을 경우, 그들과 관계를 맺고 신앙으로 이끌 수 있는 좋은 기회이기 때문이다. 부목사로서, 그리고 부활의교회의 담임목사로 일한 처음 4년 동안, 나는 비기독교인들에게 장례식을 집례할 기회에 적극적으로 참여하였다. 특히 그들이 교회로부터 적당한 거리에서 살고 있을 경우에는 더욱 그러했다. 교회 근처에 살고 있지 않을 때에는 장의사에 부탁해 가까운 교회를 소개하여 장례 이후에도 계속적으로 돌봄을 받을 수 있도록 주선해 주었다. 현재 우리 교회에서는 대부분의 장례 예식을 부목사들이 집례한다. 나는 일 년에 12번 정도 장례를 집례하며, 주로 비극적인 죽음을 경험한 사람들에게 각별한 주의를 기울인다.

1차 방문

훌륭한 결혼식과 마찬가지로 훌륭한 장례식은, 묘지가 가까운 곳에 있기만 하면 대개 최소한 10시간 정도 소요된다. 이 시간에는 부음을 듣고 막 집으로 달려가서 위로해 주고 기도해 주며 그 다음 장례 절차에 대해 지시해 주는 시간까지 포함된다. 비극적 죽음이라면, 목사는 1~2시간은 함께 있어 주어야 한다. 떠나기 전에, 다음 장례 예식을 준비하기 위해 직계 가족을 만날 시간을 정해야 한다.

2차 방문

가능하면 장례식 이틀 전에 다시 한 번 방문한다. 나는 대개 그 가족의 집으로 노트와 성경책을 가지고 찾아간다. 나는 다시 한 번 기도로 시작하고, 내가 온 목적은 그들이 사랑하던 이의 삶을 기릴 수 있게 돕는 데 있음을 말해 준다. 나는 다른 사람보다는 가장 가까운 직계 가족이 예식 중에 나와서 자신의 사랑하는 고인에 대해 이야기하도록 배려하는 편이다. 나는 그들로 하여금 자신들의 이야기를 기록하게 하며, 그것들을 종합하여 하나의 완성된 조사를 작성하게 한다. 이렇게 하는 것은 그들이 사랑하던 고인의 삶을 더욱 잘 기리고, 시간을 적절히 조절하고 올바른 감정 속에서 장례식을 이끌기 위함이라고 설명한다. 그들이 계속 다른 사람들도 장례식에서 말했으면 좋겠다고 한다면, 나는 두 사람 정도로 제한하며 할 말을 글로 정리하게 하여 3~4분이 넘지 않게 한

말씀을 해방시켜라

다. 그리고 그 내용을 팩스나 이메일로 나에게 미리 전해 줄 것을 부탁한다.

이렇게 제한을 두는 이유는, 내가 기억하는 최악의 장례식이 친구들과 가족들이 말하도록 초대되었을 때였기 때문이다. 그들은 설교조로 이야기해야 한다고 여기는 경향이 있으며, 사랑하던 사람을 '데려감'에 있어 하나님이 개입하셨다고 말하면서 이야기를 시작하는 경향이 있다. 만일 고인이 노년에 돌아가셨다면 상관없다. 하지만 비극적인 죽음일 경우에, 그러한 말은 죽음의 원인을 하나님께로 돌리게 된다. 덧붙여 예식 순서를 맡아 이야기하는 사람들 가운데 꽤 많은 이들이 말하다가 감정적으로 폭발하며, 그들의 그러한 행동은 치유와 희망을 주려는 예식 방향을 감정적으로 거스르게 한다. 때로 어떤 사람들은 마이크 앞에서 상황에 맞지 않는 말을 할 때가 있고, 때로는 15분 이상 말하는 사람들도 있다.

우리는 목사로서, 결혼식에 이어 장례 예식 또한 전문가로서 계획하고 인도해야 할 부름을 받았다. 대부분의 사람들은 장례식에서 손쉬운 돌봄을 제공하는 데만 익숙하다. 많은 것을 계획하고 돕는 경우는 드물다. 슬픔에 잠긴 유족들은 대개 예식 자체에 대해 분별력 있게 생각하지 못한다. 만일 예식이 잘 진행되도록 도울 수 있는 방법을 알고 있다면, 그것은 대단히 중요한 일이고 실제 예식이 잘 진행되도록 돕게 될 것이다. 이 방법을 가족과 함께 나누는 것이 중요하다.

때문에 나는 방문한 날 그들이 사랑했던 사람에 대해 나와 함께 공유할 만한 내용들을 기록한다. 그들이 사랑했던 사람이 쓴 편지, 저널, 또는 다른 글이나 시 등이 있는지를 묻기도 한다. 나는 무언가 이야기를 나누길 원하는 사람들 – 친구 또는 동료, 가족 등 – 에게 이메일이나 팩스를 통해 고인에 대해 말해 달라고도 한다. 이러는 동안 약 한 시간이나 한 시간 반 동안 고인의 가족들과 함께 앉아 적거나 들으면서 시간을 보낸다. 나는 함께 나눌 만한 유머러스한 이야기가 있는지, 또는 고인의 침실이나 고인이 좋아하던 특별한 장소가 있는지를 묻는다. 방의 색깔, 벽에 걸린 그림 등 모든 것이 내게 고인의 개인적인 취향을 알려 준다. 또한 고인의 사진을 볼 수 있는지 묻기도 하는데, 기쁘게도 그들이 사진을 건네주면 집으로 가져와 조사나 설교를 준비하며 보기도 한다. 방문 마지막에는 성경 말씀을 통해 위로와 희망을 주고 가족과 함께 기도한다.

예식 계획하기

나는 돌아와 3~4시간을 골몰하며 적은 내용들을 살펴보고, 고인의 삶과 가족에게 희망과 위로를 줄 만한 합당한 말씀을 숙고한다. 그 다음 장례식을 계획하고 설교를 준비한다. 그 가족이 음악에 대해 큰 관심이 없으면, 일반적으로 고인에 대해 알게 된 내용과 장례 흐름을 근거로 하여 찬송가와 특송을 제안한다. 나는 언제나 그들이 사랑하던 고인이 생전에 좋아하던 특별한 성경 본문이 있는지를 묻는다. 하지만 대개는 성경 본문을 내가 선택한다.

다시 말해, 우리의 임무는 장례식을 훌륭하게 치르도록 돕는 것이다. 대부분의 가족들은 이와 같은 때에 어떠한 음악이 적절한지를 잘 모른다. 그래서 그들은 다른 장례식에서 들어온 찬송가들을 이것저것 이야기한다. '주의 동산에서', '나 같은 죄인 살리신', '주 하나님 지으신 모든 세계', 물론 이런 찬송가들도 좋다. 그리고 그 찬송가들이 그 가족에게 중요한 것이면 기꺼이 사용하기도 한다. 그러나 내가 아는 중요한 다른 찬송가들도 있으며, 때로는 그것이 고인의 삶과 잘 들어맞기도 한다. 그 당시에는 가족들은 그런 것을 생각할 겨를이 없다. 음악에 있어서도 마찬가지다. 목사로서 우리는 평신도들은 모를 수 있는 장례식에 관한 다양한 노래들을 알고 있어야 한다. 우리가 간단하게 그들에게 선곡하라고 한다면, 다른 장례식에서 흔히 들을 수 있는 노래들만을 듣게 될 것이다. 다시 말해 이 노래들이 나쁘다는 것이 아니다. 그러나 명심해야 할 것은 그들이 모르는 훌륭한 음악들이 얼마든지 많이 있을 수 있다는 것이다. 한 가지 제안하자면, 그 가족이 사용하길 원하는 특별한 세속적 노래가 있다면 그것을 사용하라는 것이다. 나는 대개 그것을 사용한다. 그러나 그냥 사용하는 것이 아니라 그것을 반복해서 들으며 혹 그 노래를 설교와 연관시킬 만한 방법이 없나를 살펴본다.

결혼식과 마찬가지로, 나는 장례식에 대한 기본 틀을 컴퓨터에 저장해 놓고 있다. 그것을 새 문서로 지정해 놓고, 고인의 이름을 바꾸고 가족의 소망과 내가 해 온 작업에 기초해서 예식 절차를 재구성한다. 다른 문서에 작성하는 설교를 제외하면, 모든 말과 기도가 포함된 완벽한 예식이 완성된다. 나는 그것을 복사하여 음악 담당자들이나 장례식 진행자 그리고 그것이 필요한 사람들에게 나누어 준다. 예식 후에는 복사본을 가족들에게 주기도 한다.

설교에 대해 말하자면, 나는 대개 조사와 설교를 결합시킨다. 결혼식에서 결혼의 신학적 의미에 대해 말하기 전 커플의 개인적 이야기를 한 것과 비슷한 방식이다. 나는 15~20분 가량, 상황에 따라 설교한다. 그 죽음이 불의의 비극적 죽음일 경우에는 설교가 대개 조금 길어진다.

설교

설교는 고인에 대한 이야기로 시작한다. 모든 사람이 알아들을 수 있는 고인에 대한 묘사와 이야기를 하면 그들의 얼굴에 웃음이 번진다. 때론 고개를 끄덕이기도 하고, 간혹 웃기도 한다. 웃음은 장례 예식으로 들어가는 아주 중요한 매개체다. 웃음을 통해 치유가 일어나기도 하고 참석한 사람들의 마음을 고양시키는 데 도움이 된다. 그러나 앞서 말한 것과 마찬가지로, 과도하면 안 한 것만 못하게 된다. 한두 가지 정도가 적당하다. 개인적 이야기와 개인적 삶에 대한 찬사에 이어, 간단하게 그의 삶에 근거한 성경 말씀에 기초해 설교한다. 설교의 초점은 용기를 주고, 하나님의 은총과 사랑을 깨닫게 하며, 부활과 소망에 대하여 크리스천들이 이해하는 것들을 부각시키는 것이다.

불의의 죽음을 당한 사람에 대하여 설교할 때는, 앉아 있는 사람들의 마음속에서 요동치고 있는 의문을 이해하고 잘 다루는 것이 중요하다. 확신하기는, 그들은 자신들의 신앙과 씨름하고 있다. 많은 사람들이 하나님이 자신의 친구를 '데려가신 것'에 대해 분노하고 절망한다. 이미 신앙에 의문을 가지고 있던 어떤 사람은 이제 하나님이 없다고 확신한다. 당신이 이것을 잘 알면서도 설교를 통해 그것에 대해 언급하지 않는다면, 이 사람들에게 매우 큰 결례를 행하는 것이고 심오한 사역을 할 기회를 놓치는 것이다. 이러한 장례식에서는 반드시 악과 고난의 문제를 다루어야 한다. 이 사람들은 하나님에 대한 신앙과 어떻게 하나님과 화해해야 하는지를 들어야 할 필요가 있다. 왜냐하면 그들은 그 순간 하나님의 속성과 전적으로 어긋나 보이는 고통스럽고 생각하기조차 싫은 비극으로 인해 하나님으로부터 등을 돌린 상태이기 때문이다. 그들이 이것을 잘 극복하도록 돕는다면, 여러분은 장례 예배에서 중요한 사역을 행한 것이다.

이러한 비극적인 장례식에서 예식을 통해 사람들이 씨름하고 있는 무거운 주제와 의문들을 공개적으로 잘 다룬다면, 수백 명의 사람들이 교회에 나오는 결과를 맛볼 수 있다. 그러나 참으로 놀라운 사실은, 많은 목사들이 장례식에서 이러한 문제들을 잘 다루지 않는다는 것이다.

오늘날 문화 속에서 장례식의 이상적인 소요 시간은 45분 정도다. 한 시간은 넘지 않아야 한다. 하관식도 길어야 5~10분이 적당하다. 그곳에서 나는 대개 하나님이 땅의 흙으로 아담을 빚으신 사실과 하나님께서 생기를 불어넣으시기 전까지 인간이 될 수 없었던 이야기를 들려준다. 그들에게 우리의 육체는 흙으로 만들어졌으나 영은 우리가 돌아갈 하나님으로부터 나왔다는 사실을 상기시킨다. 나는 시편 23편을 읽기도 하며, 때로는 찰스 웨슬리의 시 – 찬송가 '만약에 죽음이 나와 내 친구를 가른다면' (#656 미연합감리교회 찬송가)이나 나탈리 슬릿의 시 – 찬송가 '약속의 찬송' (#707 미연합감리교회 찬송가)을 낭독하기도 한다. 모인 무리가 소수일 경우에는 그들이 원하면 함께 낭독하자고 한다. 그 다음, 매장에 대한 마지막 기도를 올린다. 대개는 예식이 끝나자마자 떠나오기 위해 묘지까지 개인적으로 차를 몰고 간다.

차후의 돌봄

분명히 말해, 장례식은 사역의 첫 단계일 뿐이다. 차후의 목회적 돌봄이, 죽음을 당한 가족들을 잘 사역하는 데 있어 필수적이다. 특히 비극적 죽음을 당한 경우에는 더욱 그러하다.

결혼식과 장례식은 사람들이 가장 쉽게 마음을 열고 복음을 받아들일 수 있는 기회다. 이와 같은 시기에 사람들과 함께할 수 있다는 것은 큰 영광이 아닐 수 없다. 기도로 충전되고 복음을 드러내기를 소망하는 마음으로 다가가면, 놀라운 일이 결혼식과 장례식에서의 사역과 설교를 통해 나타날 것이다.

15장 이럴 때 어떻게 해야 할까?

"때로는 실수도 훌륭한 기회로 탈바꿈할 수 있다."
설교 시 갑자기 발생할 수 있는 문제의 대처방법을 알아본다.

15장

·

이럴 때 어떻게 해야 할까?

이 책 전반에 걸쳐 설교에 대한 조언과 구체적 아이디어 – 일반적인 신학교 교과 과정에는 포함되지 않을 것 같은 내용들 – 를 나누기 위해 노력해 왔다. 그러나 이 장에서는 내가 확신하기로 신학교 교수님들이 절대로 가르치지 않았을 몇 가지 내용에 대해 더 다루려 한다.

교회의 규모와 수많은 예식 때문에, 우리는 대부분의 목회자들이 일생에 한두 번 경험할 일들을 매해 경험한다. 그로 인해 우리는 이러한 일들에 대처할 만한 시스템을 개발해야 했다. 다음에 이어질 내용들은 설교할 때 발생하였던 특이하고, 어렵고, 유머러스한 몇 가지 일에 대한 이야기다. 나는 그런 일들을 겪으면서 어떻게 반응해야 하는지를 배우게 되었다.

화재 경보

어느 겨울, 추운 주일 저녁에 막 5시 예배 설교를 시작하려 할 때에 교회의 한 십대 아이가 화재 경보를 울리면 재밌겠다는 생각을 했다. 불행히도 어떤 사람도 경보 시스템을 정지시킬 수 없었다. 또한 아무도 그 동안 가동되었던 잠금 장치를 발견하지 못하였다. 우리 교회의 시스템은 현대적 알람으로 섬광 불빛이 나고, 사이렌이 울리며, 여성의 목소리가 반복적으로 "건물에 화재가 발생했습니다. 건물을 탈출하십시오."를 말하게 되어 있었다.

물론 우리는 화재가 발생하지 않았다고 확신했다. 하지만 모든 예방책을 취할 필요가 있었다. 나는 성도들에게 코트를 들고 조용히 밖으로 나가도록 했다. 성전 근처에 어떠한 화재 위험도 없어 보였다. 아이들을 돌보는 스태프도 그들이 모두 안전하다고 보고했다. 나는 부모들에게 그들의 아이들을 찾아 잔디밭에서 만나도록 하였다. 만일 건물이 불에 타 무너져 내린다면, 모두들 보길 원할 것이다. 그렇지 않다면 우리는 친구들에게 이야기할 만한 가장 기억에 남는 예배를 드린 셈이다. 나는 설교를 간략하게 정리해서 전할 것이고 헌금하고 기도하겠다고 말했다.

놀랍게도 대부분의 사람들이 그 추운 겨울 밖에서 예배를 드리기 위해 머물렀다. 나는 나머지 예배를 집례하기 위해 단상에 올라섰다. 우리는 그 시간 건물을 수색하고 있는 소방관들을 위해 기도했다. 그리고 그들에 대해 하나님께 감사했다. 나는 전세계적으로 들어갈 건물 없이 예배를 드리는 사람들, 하나님을 섬기기 위해 사람들이 드리는 희생, 추운

날 이렇게 밖에 서 있는 것이 우리 믿음에 증거가 된다는 것에 대해 말하였다. 나는 설교를 간략하게 전했다. 사람들이 떠나면서 헌금을 낼 수 있게 헌금위원들은 주차장 옆에 서 있어야 했다. 우리는 하나님의 은혜와 교회 건물이 안전한 것에 감사를 돌리며 예배를 마쳤다. 사람들은 그날 밤에 있었던 일에 대해 아직까지도 이야기한다. 난감한 재난이 기막힌 은총으로 변한 날이다.

의료 응급 상황

우리 교회에서는 해마다 몇 차례씩 예배 도중에 응급 의료 상황이 발생한다. 다행히 교회에 응급 상황에 대처할 CPR과 응급 처방에 관한 훈련을 받은 사람들이 있다. 그들은 배지를 달고 성전 안의 지정된 좌석에 앉아 있다. 스태프들과 안내원들이 그들을 금방 발견할 수 있도록 하기 위해서다. 그러나 설교 도중 응급 상황이 발생할 경우 설교하는 목사는 어떻게 해야 할까? 최근에 우리에게 있었던 일을 말해 보겠다. 내가 막 설교를 시작하려 할 때 2층 좌석에 앉아 있던 교인 한 명이 실신하는 일이 벌어졌다. 나는 처음에는 무슨 일이 벌어졌는지 알아채지 못하였다. 그러나 곧 심장발작 억제 대처팀(CART)이 2층으로 달려 올라갔고, 911과 앰뷸런스가 급히 출동하였다. 나는 회중에게, "2층에서 응급 상황이 벌어진 것 같습니다. 잠깐 가서 그 사람을 살펴보고 기도하고 오겠습니다. 누가 아픈 것인지, 무슨 일인지는 모르지만, 다 같은 하나님의 자녀로서 잠깐만 시간을 내어 우리의 형제(또는 자매)를 위해 기도합시다. 연

말씀을 해방시켜라

주자는 무슨 일이 벌어지고 있는지 파악될 때까지, 여러분이 자리에 앉아 있는 동안 조용한 음악을 연주해 주시길 부탁합니다."라며 아픈 사람을 위해 기도하자고 하였다. 기도하는 동안 오르간 연주자가 조용하고 부드러운 음악을 연주해 주었다. 나는 급히 2층으로 올라가 실신한 성도를 위해 기도하였다. 그동안 그는 의식이 돌아왔고 의료인들이 도착하였다. 나는 제단으로 돌아와 다시 한 번 아픈 형제와 그를 돕고 있는 의료인들을 위해 함께 기도하였다.

그 다음 상황에서는 두 가지 선택이 놓여 있었다. 예배를 계속 진행할 것인가 그만 끝낼 것인가. 나는 "내가 만일 아픈 사람이었다면, 예배가 계속 진행되길 바랐을 것입니다. 나는 우리의 형제도 마찬가지일 것이라 믿습니다. 의료팀이 그를 병원으로 실어 나를 동안 설교를 정리해서 전하겠습니다." 하고 말했다. 이 말은 실제로 회중과 2층에 있는 형제를 돌보고 있는 사람들에게 잔잔한 영향력을 미치는 듯 했다. 예배는 끝났고, 성도들은 우리가 일을 잘 처리했고 잘 돌보았다고 느꼈으며, 병원으로 옮겨진 형제도 상태가 좋았다. 그는 혈당이 떨어져 그렇게 되었는데 곧 회복되었고, 지금까지도 잘 지내고 있다.

그날 이후부터는 응급 환자가 발생할 경우, 언제나 잠시 멈추어 도움을 원하는 사람을 위해 기도한다. 그러고는 충분한 시간 양해를 구하여 아픈 사람에게 가서 그(그녀)와 함께 기도하고 그(그녀)를 지켜본다. 그 다음에는 예배를 진행하기 위해 제단으로 돌아오고, 환자를 위해 목사 한 명을 병원에 동행시킨다.

폭탄 협박

나는 폭탄 위협과 같은 일이 여러분에게 일어나지 않기를 진정으로 원한다. 그러나 이러한 일이 우리에게 일어났다. 2001년 9·11 테러가 일어난 그 다음 주일 오후, 누군가가 911에 우리 교회 건물에 폭탄이 장착되어 있다고 제보한 것이다. 이 사건은 오후 5시 예배가 시작되기 한 시간 반 전에 일어났다. 우리는 그날 저녁 예배에 2천여 명의 사람들이 참여할 것으로 예상하고 있었다. 우리는 건물을 폐쇄하고 건물 안에 있던 사람들을 소집하였다. 경찰이 그들에게 사건 경위에 대해 질의하기 위함이었다. 소방대원들과 경찰들이 와서 건물을 수색했다. 우리 교회의 예배 담당팀은 기타를 가지고 밖에서 기다리는 사람들을 위해 찬양을 인도했다. 마침내 4시 30분에 경찰과 소방대는 자신들이 할 수 있는 일을 다 마쳤다고 말했다. 그들은 911에 전화한 목소리가 십대 목소리 같으나 확실치는 않다고 했다. 자신들이 추측하기론 폭탄은 없는 것 같고, 장난 전화 같다고 했다. 9·11 테러 이후 폭탄이 설치되어 있다는 장난 전화가 여러 차례 걸려 왔고 우리 교회 상황도 그렇게 보인다는 것이었다. 그들은 예배 내내 교회 안에 머물고 있었다. 그렇긴 해도 누구도 안전을 보장할 수 없는 상황이었다.

여러분이라면 이 상황에서 어떻게 하겠는가? 사람들의 마음은 지난 주 세계무역센터와 미 국방성이 침공당한 것으로 인해 상당히 격앙되고 놀란 상태였다. 2,200명의 사람들이 예배에 나왔다. 나는 예배 시작에 앞서 다음과 같이 말하였다. "경찰과 소방대의 생각에 의하면 장난 전화

말씀을 해방시켜라

같다고 합니다. 그러나 확실치는 않습니다. 여러분이 지금 집에 가는 것이 안전하겠다고 생각해도 이해합니다. 이번 주말에 설교 복사본을 받아 보실 수도 있습니다. 그러나 저는 이곳에 있는 것이 편안합니다. 여러분이 어떤 결정을 내리시든지 저는 괜찮습니다. 인사하는 시간에, 원하신다면 조용히 나가십시오. 정말 괜찮습니다." 10여 명의 사람들이 그날 밤 빠져 나갔다. 나머지 사람들은 남았으며, 폭탄의 위협이 그들을 주님으로부터 떼어 놓게 할 수 없다는 확신을 느꼈다. 그 예배는 그날 드린 예배 중 가장 힘있는 예배로 마무리되었다.

그렇게 한 것이 과연 잘한 일이었을까? 말하기 어렵다. 가능한 한 정확한 정보를 수집하고, 모든 주의를 기울이고, 정보에 근거해 결단을 내리고, 회중과 그 정보를 나누며, 그들이 스스로 결단할 수 있도록 해야 한다. 솔직히 말해, 그날 저녁 무엇이 옳은 행동인지 확신하지 못했다. 나는 우리 교회 성도들의 안전에 대하여 막대한 책임감을 느꼈다. 동시에 무책임한 누군가가 장난 전화를 걸어, 미국을 겨냥한 테러리스트들에 의해 발생한 혼란 속에 있는 성도들이 그들에게 절실하게 필요한 치유와 희망을 얻지 못하도록 방해하는 것을 원치 않았다.

그 밖의 갑작스런 일들

이젠 예배 중에 일어날 수 있는 좀 재미있는 일 몇 가지를 살펴보겠다. 어느 날 결혼식을 집례하고 있는데, 신랑의 들러리로 서 있던 한 소년이 갑자기 설교 중간에 토하기 시작했다. 신랑의 들러리를 서던 다른

이럴 때 어떻게 해야 할까?

사람이 재빨리 그 소년을 데리고 화장실로 갔다. 우리는 더 이상 거기에 신경 쓰지 않았다. 하지만 그 결혼식 비디오는 집안 가보로 전해지는 보물이 되었을 것이다!

어느 해 크리스마스 이브 촛불 예배를 드릴 때, 우리는 예배가 절정에 달하자 모든 불을 껐다. 가족과 함께 있던 한 어린 소녀가 유일하게 그리스도를 상징하는 양초를 밝히기 위해 복도에서 촛불을 들고 서 있었다. 예배당 안에는 그 불빛 외에 어떤 불빛도 없었다. 몇 년 전부터 그 작은 소녀는 그리스도 촛불을 밝혀 왔다. 나는 그 아이와 그 아이가 든 촛불을 바라보며 가서 그리스도의 촛불을 밝히라는 의미로 "좋아, 어서 하렴." 하고 말하였다. 그 소녀는 보통 아이들이 촛불을 앞에 두고서 어른들에게 "좋아, 어서 하렴."이란 말을 들었을 때 행동할 것으로 기대되는 바로 그 일에 착수했다. 그 아이는 자신의 촛불을 불어 꺼 버린 것이다. 갑자기 벌어진 상황에 우리 모두는 어둠 속에서 어찌할 바를 몰랐다. 다행히도 이런 일이 발생할 경우를 대비하여 성냥을 제단 근처에 예비해 두고 있었다. 이것이 주는 교훈은 모든 것이 준비되어 있어야 한다는 것이다!

만일 여러분이 설교단으로 갔는데, 찬양단 리더가 자신의 음악 책과 함께 설교 원고를 들고 가 버려 설교 원고를 찾을 수 없을 땐 어떻게 할 것인가? 두 가지를 선택할 수 있다. 미친 듯이 원고를 찾기 위해 우왕좌왕 할 수도 있다. 아니면 숨을 한 번 길게 들이쉬고는 마치 원고가 그 자리에 있는 듯이, 설교 원고 없이 최선을 다해 설교하는 것이다.

이런 상황과 비슷한 면에서, 올림픽 피겨 스케이팅 선수들에게서 배울 점이 많다. 그들은 실수했을 때, 실수에 주의를 기울이며 멈추지 않는다. 해 오던 흐름에 따라 다시 시작한다. 가능한 한, 실수 동작을 다음 흐름과 곧바로 연결시키기 때문에 관중은 실수를 했는지, 그것이 하나의 과정인지 모를 때가 많다. 심판만이 진실을 알 뿐이다. 심각한 실수를 했을 경우에는, 마치 아무 일도 없었다는 듯이 다시 일어서서 계속 진행한다. 설교할 때와 예배를 인도할 때 훌륭한 목사와 예배 인도자는 무언가 잘못되었을 때도 흐름을 잃지 않는다. 그들은 실수에 주목하지 않는다. 그것도 짜여진 극본인 것처럼 행동한다.

실수가 실제적으로 영적인 진실을 설명해 주는 예외적인 경우도 있다. 최근 한 결혼식을 집례할 때의 일이다. 그 커플은 연합을 상징하는 양초의 불을 붙일 수가 없었다. 나는 걸어 내려가 그 양초의 심지를 조금 들어 올려 그 커플이 불을 켤 수 있게 심지를 돋우어 주었다. 나는 그 일을 잘 마치고서 아무 말도 하지 않았다. 그러나 예식 후반에 이것을 통한 교훈을 들려주었다. 그 커플에게 결혼 증서를 주면서 잠시 시간을 내어 말하였다. "연합 양초에 불을 피우는 것에는 큰 교훈이 담겨 있습니다. 결혼 생활은 우리가 계획한 대로 이루어지지 않습니다. 그러나 두 사람이 포기하지 않는다면, 계속 유지하고자 한다면, 마지막에는 모든 일이 잘 될 것입니다." 이렇게 함으로써 결혼식에 있어 당황스럽게 보였던 순간이 기념적이고 중요한 순간으로 변하게 되었다.

음향 문제와 관련해서도 흥미진진한 일들이 많이 발생하였다. 어느 주일, 예배를 시작하려는데 음향 시스템이 고장이 났다. 많은 교회에서는 이런 문제가 별로 심각하지 않을 수도 있다. 그러나 좌석수가 1,600

석 정도 되는 예배당에서는 문제가 된다. 우리는 그날 아침 두 가지 교훈을 얻었다. 첫째, 빨리 보조 음향 시스템을 설치해야 한다는 것이다. 음향 담당자들은 놀랐고, 예배가 끝날 무렵 청소년실에서 장비를 빼내어 보조 음향 시스템을 설치했다. 그때까지 나는 큰 목소리로 첫 예배를 집례하였다. 그 다음부터는 항상 보조 시스템을 사용할 수 있도록 했고, 몇 개의 마이크를 미리 준비하였다.

내 무선 마이크가 여러 번 예배 도중 – 대개는 배터리가 방전되어 – 에 꺼진 적이 있다. 우리는 항상 강단 아래에 손에 들고 사용하는 무선 마이크를 놓아두기 때문에, 나는 재빨리 돌아서서 그것을 사용할 수 있었다. 대부분의 회중은 무슨 일이 일어났는지도 모르고 지나간다.

여러분도 할 말이 많을 것이다. 핵심은 냉정하게, 놀라며 과민 반응하지 말고, 계속 예배를 진행시키라는 것이다. 때론 실수도 훌륭한 기회로 탈바꿈할 수 있다.

말씀을 해방시켜라

16장 설교가들에게 하는 마지막 제언

설교자는 하나님 말씀의 해설가일 뿐이다.
비판에 위축되지도, 칭찬에 무너지지도 말자.

16장

·

설교가들에게 하는 마지막 제언

이제 설교에 대한 마지막 이야기에 이르렀다. 하지만 아직 나누지 못한 이야기를 몇 가지만 더 하겠다. 이 다방면에 걸친 생각들을 통해 여러분이 복음을 선포하는 일을 하는 데에 용기와 도움을 주고자 한다.

첫 번째는 이야기이다. 어느 크리스마스 이브에 나는 여섯 차례의 촛불 예배 중 첫 번째 예배를 위해 교회로 가면서 기도를 하기 시작했다. 그 순간 나는 하나님의 음성을 들었다. 분명한 목소리는 아니었지만 그것은 너무도 강렬하고 압도적인 생각이어서 나는 가던 길을 멈추었고 꼼짝할 수가 없었다. 내가 들은 하나님의 말씀은, "너는 이 주에 충분히 기도하지 않았다. 그렇지 않느냐?"였다. 나는 너무 놀라고 찔려서 큰 소리로 말했다. "맞습니다. 설교를 준비하느라 너무 바빠서 당신의 뜻과 도움과 인도하심을 구하지 못했습니다. 용서해 주십시오, 주님!" 나는 이 공포감을 교회 건물 안으로 들어가면서도 느꼈다. 그리고 정신 없이

말씀을 해방시켜라

그 주 내내 내가 했어야 했던 일을 하기 시작했다. 나는 기도하기 시작했다. 우선 의자 사이를 다니면서 하나님이 이 자리에 앉아 예배드릴 사람들을 축복해 주시기를 구했다. 그리고 꿇어앉아서 내 자신을 하나님께 드리기를 기도하였다.

한 시간 뒤 나는 설교하기 위해 일어섰고 설교는 훌륭했다. 그 설교문은 잘 작성된 것이었고, 표현 방식도 괜찮았다. 그럼에도 나는 무언가 결여되어 있음을 느꼈다. 나는 설교를 하기 위해 최선을 다해 노력해야 했다. 마음은 무거웠고 설교를 전할 때도 기쁘지 않았다. 그렇게 세 번의 예배가 끝났다. 교인들의 반응도 매우 긍정적이었고 예배는 잘 진행되었다. 그러나 여전히 무언가 빠진 듯한 느낌이었다. 네 번째 예배를 드리기 위해 일어나기 직전, 나는 하나님이 다시 내게 말씀하시는 것을 느꼈다. 이번에는 하나님이 다음과 같이 말씀하시는 것을 들었다. "나는 처음 세 번의 예배를 네 힘으로 하도록 내버려 두었다. 이제 내 영의 능력으로 설교할 때 어떤 일이 일어나는지 보여 주겠다." 그 예배를 시작할 때, 나는 내 마음의 무거운 짐이 벗겨지는 것을 느꼈다. 나는 나의 설교에 힘을 느꼈다. 설교 중간에 회중에게 무언가가 명백하게 일어났다. 회중은 쥐 죽은 듯이 고요했고, 그 예배는 가히 흥분의 도가니였다. 이러한 현상은 남은 저녁 설교 때까지 계속되었다. 마지막 예배가 끝났을 때 아내가 내게 다가왔다. 아내는 처음 예배와 나중의 세 차례 예배에 계속 참석했었다. 그녀는 "당신, 설교에 무슨 일을 한 건가요? 이전하고 나중이 너무나 달라요." 하고 말하였다. 사실은 같은 원고에 같은 설교였지만, 다른 점은 성령의 능력으로 설교하였다는 것이다.

설교가들에게 하는 마지막 제언

내 흑인 친구들은 이러한 현상을 '기름 부음'이라 말한다. 나에게 성령의 기름 부음에 의한 설교 기회와 나 자신의 힘에 의한 설교 기회가 주어진다면, 나는 성령의 힘을 선택할 것이다. 그러나 이러한 기름 부음은 적절한 기도 시간과 성령께 전적으로 의탁할 때 이루어진다. 여러분 가운데 일부는 왼쪽 뇌가 발달한 사람일 것이다.(나도 그런 편이다.) 그런 사람들에게 '기름 부음'에 대한 생각은 다소 속임수처럼 보일 수 있다. 그러나 이러한 성령의 역사는 실제적인 것이다. 성령의 능력이 설교에 역사하면, 우리의 설교는 완전히 새로운 영역의 영향력을 발휘한다.

이제 두 번째 생각에 대해 이야기하고자 한다. 목회자들이여, 여러분들 스스로를 잘 돌보기 바란다. 우리도 지치고, 넘어지고, 탈진할 때가 있다. 우리가 그렇게 되면, 전 성도가 그 값을 치르게 된다. 여러분이 하는 설교의 영향력은 여러분 자신을 영적으로, 육적으로, 감정적으로, 관계적으로 잘 돌보는 것과 직접적으로 관련돼 있다. 미연합감리교회에서는 모든 풀타임 목사는 4주의 휴가를 갖도록 되어 있다. 여러분의 휴가를 온전히 사용하라. 쉬는 날에는 반드시 쉬어라. 독서하고 쉬면서 회복의 시간을 보내라. 안식일은 모두에게 중요하다. 쉬지 않는다면, 이 중요한 성경적 원리를 파손하는 것이 된다.

경건과 기도의 삶을 철저하게 하라. 나는 신학교에서 설교 준비와 경건의 삶을 결합시킬 필요가 없다고 배웠다. 그러나 나는 독서와 연구와 공부의 시간을 경건과 영적인 삶의 부분으로 대했을 때 두 가지 모두가 더 풍성해지는 것을 경험하였다. 설교를 위해 연구할 때 그 시간을 하나님께 의탁하며 기도로 시작하라. 하나님께서 여러분에게 말씀해 주시길

구하며 설교 준비 과정들을 통해 여러분의 마음이 잘 준비되도록 간구하라.

여러분이 하는 모든 설교가 홈런이 될 수 없다는 사실을 기억하기 바란다. 나는 모든 설교가 야구장의 담을 넘는 멋진 한 방이 되기를 원한다. 그러나 항상 그렇게 되진 않는다. 메이저리그의 훌륭한 야구선수들조차도 세 번 중 한 번 배트를 휘두를 뿐이다. 어떤 설교는 매우 뛰어날 때도 있다. 어떤 때는 보통 수준이다. 또 어떤 때는 기대에 못 미친다. 우리가 해야 할 일은 기대에 못 미치는 설교를 평균 수준으로 끌어올리고, 평균 수준의 설교를 평균 이상으로 끌어올리며, 매년 몇 번은 홈런을 치도록 노력하는 것뿐이다.

내 경우에는 여덟 번 가운데 한 번 정도가 자랑할 만한 수준이다. 나머지 일곱 번 가운데 여섯 번은 평균에서 평균을 조금 웃도는 수준이다. 그리고 한 번은 설교 후 사과하고 싶을 정도로 창피한 수준이다. 그럼에도 사람들은 가끔 그러한 형편없는 설교를 들은 후에 이렇게 말해 준다. "가장 멋진 설교였어요." 그런 말에 너무 위로받지 않는 것이 좋다. 그들은 단지 우리에게 미안해서 그런 말을 할 때가 많기 때문이다.

다시 크리스마스 이브 이야기로 돌아가 보자. 우리의 미미한 노력에도 불구하고 하나님께서 당신의 백성들에게 말씀하는 것을 체험하도록 이끄시는 이는 궁극적으로 성령이시다. 나는 주님께 귀 기울이기 위해 최선을 다하고 열심히 연구하고 일하고 준비했지만 그럼에도 내 설교가 완전하지 않다고 느낄 때가 있다. 그러할 때 나는 이렇게 기도한다. "주님, 제가 할 수 있는 일은 다 했습니다. 저에게 임하셔서 인도해 주시기

설교가들에게 하는 마지막 제언

를 기도합니다. 이 메시지를 전하기 위해 연구하고 독서하고 조사했고 열심히 준비했습니다. 무언가 하실 말씀이 있다면, 지금 말씀해 주시기 바랍니다. 저는 제가 할 일은 다 했습니다." 여러분이 해야 할 부분을 다 했다면, 그 다음에는 하나님께 맡겨라. 하나님의 음성을 듣기 위해 최선을 다했다면 그때부터 여러분은 휴식할 수 있을 것이다.

여러분이 기혼자라면, 다음의 세 문단은 여러분의 배우자에게 읽도록 하는 것이 좋을 것이다. 이것은 여러분의 배우자를 위해 쓴 내용이다.

내 아내는 토요일 저녁 예배와 여러번 드리는 주일 예배 중에서 한 번 참석한다. 토요일 저녁 예배시 그녀는 자신에게 유익한 것과 나에게 도움이 될 만한 내용을 필기한다. 토요일 저녁 집에 돌아오면 나는 그녀에게 설교에 대해 어떻게 생각하는지 물어본다. 나는 그녀의 말을 듣고 싶어한다. 내가 설교의 어느 부분에서 너무 시간을 끌었는지, 어떤 부분이 이해가 되지 않았는지, 그녀가 받은 전반적인 인상은 어떠했는지 꼼꼼히 물어본다. 그러나 나는 설교에 어떤 부분이 좋았는지도 듣고 싶어한다. 아내의 비판은 언제나 더 좋은 설교를 하는 데 도움이 된다. 그런 면에서 그녀는 나의 파트너. 그러나 때로 그녀가 이해하지 못하는 것은, 설교가 나에게는 자식처럼 보이거나 또는 작은 예술 작품처럼 느껴진다는 사실이다. 나는 설교에 엄청난 공을 들이고, 그것들에 대해 인격적인 감정을 느낀다. 나는 아내가 매우 부드럽게 비평해 주고 칭찬과 더불어 애기해 주길 원한다. 나는 그러한 비평을 원한다. 그 다음날 다섯 번 더 설교를 하기 전에 그러한 방식으로 설교를 향상시킬 수 있다는 것은 축복이다. 그러나 이러한 비평과 더불어, 그녀가 메시지 속에서 발견

218
말씀을 해방시켜라

한 가치 있는 무언가를 들을 필요가 있다. 라본은 이 일을 매우 잘 한다. 그녀의 격려의 말은 메시지에 대하여 확신과 용기를 준다. 나는 그녀의 비평이 사랑의 마음에서 우러나온 것이며 메시지를 풍성하게 하기 위해 도우려는 것임을 잘 알고 있다.

자, 배우자 여러분, 여러분이 매주일 전 리허설에 대해 목사들에게 용기를 주지 않는다면, 그들의 메시지 가운데 무언가 바꿀 수 있도록 비평할 기회를 갖지 못하게 될 것이다. 한 마디 충고하겠다. 배우자의 설교에 대해 무언가 긍정적인 말을 하여서 그가 자신감을 갖도록 하라. 주일 설교가 끝나자마자 바로 설교한 내용에 대해 강하게 비평하지 말라. 하루나 며칠 뒤에, 다음 설교를 할 때 도움이 될 만한 내용이 있다면 말하는 것이 좋다.

영향력 있는 설교가가 되는 전투의 절반은 자신감을 갖는 것이다. 이것은 스포츠나 다른 모든 영역에 있어서도 마찬가지다. 수년 동안 내 아내 라본이 내게 해 주었던 가장 중요한 일은, 내 자신을 믿도록 도움을 준 것이다. 무언가 중요한 것을 말하며 설교할 수 있다고 내 자신을 믿을 수 있게 도와 주었다.

이제 다음에 이어질 편지는 여러분이 섬기는 교회 리더들에게 보내는 것이다. 이것을 그들에게 전해 주길 바란다.

친애하는 교회 지도자 여러분,
목사님을 배려하며 사랑을 나누는 여러분에게 격려를 보냅니다. 교회를 전반적으로 건강하게 이끌어 가기 위해 여러분의 목사님이 해야 할 가장 중요한 일 가운데 하나가 훌륭한 설교를 하는 것입니다. 그러나 설교 준비를 충분히 할 수 있을 때에만 훌륭한 설교를 할 수 있습니다. 설교 준비를 하기 위해서는 광범위한 독서, 기도, 성경 연구, 성찰, 글쓰기 등이 수반됩니다. 대개 이 모든 일을 하기 위해서는 주중에 아무도 방해하지 않는 15시간 정도가 필요합니다.(어떤 주는 좀 덜 소요되기도 하고, 어떤 주는 더 많이 들 때도 있습니다.)

여러분도 알다시피 집중적으로 설교를 준비하는 시간과 설교의 질은 직접적으로 상관이 있습니다. 내 경우에는 설교를 준비하기 위해 집에서든 도서관에서든 조용한 시간을 따로 갖는 것이 필요합니다. 여러분의 목사님도 마찬가지일 것입니다.

목사님이 그런 시간을 갖기 위해서는 교회 지도자 여러분이 회중에게 목사님에게 자유 시간을 줄 책임이 있다는 사실을 알도록 해 주어야 합니다. 목사님이 자리를 비운 15시간 동안 평신도들이 대신 목회적 돌봄을 수행하고, 목사님이 사용하는 시간에 대한 인식을 변화시킬 필요가 있습니다.

매주 15시간 외에도, 연중에 설교 계획을 세울 만한 과외의 시간을 드리는 것이 필요합니다. 목사님께 부탁해 이 책을 빌린 후, 설교 계획을 세우는 것에 대해 쓴 내용을 읽어보는 것도 괜찮을 것 같습니다.

덧붙여, 목사님께 용기를 주어 그분이 설교에 대해 자신감을 가질 수 있도록 해 드리십시오. 우리 시대의 훌륭한 스포츠 선수들은 그들이 열심히 노력하고 좋은 재능을 가진 이유도 있지만, 가장 중요한 그들의 성공의 요인은 자신감입니다. 여러분의 목사님이 성장할 수 있도록 도우십시오. 목사님이 설교를 통해 무언가 말씀하실 때 주목하고, 무슨 말씀을 주시려 하는지 알기 위해 노력하십시오. 마지막으로 목사님이 질적으로 높은 설교를 준비하기 위해 필요한 책을 구입하려 할 때 쓸 수 있는 기금을 마련해 드리십시오. 그리고 가능한 여행을 통해 설교 세미나에 참석하거나 또는 다른 설교자들의 설교를 들을 수 있도록 기회를 드리십시오. 이 모든 일들이 결국에는 목사님의 설교를 위한 투자가 될 뿐만 아니라 여러분의 교회가 건강해지는 데 큰 일익을 담당하게 될 것입니다.

하나님의 축복이 함께 하시기를 기원합니다.

– 아담 해밀턴

마지막으로 설교가들이여, 여러분의 설교와 더불어 여러분의 삶을 정의할 세 단어를 소개하고 싶다. 이것이 없을 때, 사람들은 즉각 알아챈다. 그리고 여러분의 모든 사역이 이것들 없이는 효과적으로 진행될 수 없다. 그러나 사람들이 여러분에게서 이 세 가지를 보고 경험할 수 있다면, 그들은 여러분의 말에 귀를 기울일 것이다. 이 세 가지는 겸손, 진정성, 신실성이다.

신실성에 대해 말하자면, 나는 내가 설교를 통해 제시하는 것을 언제나 실천하진 못한 것을 깨닫게 된다. 사실, 가장 좋은 설교는 하나님이 나를 먼저 깨닫게 하셨기 때문에 영향력을 발휘할 때가 많다. 그러나 일단 설교를 선포하면, 내가 다른 사람들에게 행동하도록 도전을 준 것처럼 나도 행동할 것을 목표로 삼는다.

설교가들에게 하는 마지막 제언

다른 각도에서 한 마디 하자면, 설교를 위해 최선을 다하라. 하지만 스스로에 대해 너무 심각할 필요는 없다. 여유를 가져라. 여러분은 하나님 말씀의 해설가일 뿐이라는 사실을 기억하라. 사람들은 하나님의 음성을 듣기 위해 나아온다. 비판의 소리에 위축되지도 말고, 칭찬의 소리에 무너지지도 말라.

시간을 내서 이 책을 읽어 주신 것에 대해 감사를 드린다. 나는 이 책을 읽는 사람들이, 때론 기쁘고 때론 힘든 설교 준비에 대하여 창조적인 생각과 새로운 흥미를 마음속에 품게 되길 기도한다. 하나님의 평화와 복음과 구원과 하나님의 통치를 선포하는 사역만큼 치유와 변화와 희망을 가져다 주는 위대한 일은 없다!

"좋은 소식을 전하며 평화를 공포하며 복된 좋은 소식을 가져오며 구원을 공포하며 시온을 향하여 이르기를 네 하나님이 통치하신다 하는 자의 산을 넘는 발이 어찌 그리 아름다운가."(사 52:7)

말씀을 해방시켜라